Hermann Schreiber

PARIS ERINNERT SICH

Hermann Schreiber

PARIS ERINNERT SICH

ANEKDOTEN UND GESCHICHTEN AUS DREI JAHRHUNDERTEN

Mit 24 Farbtafeln
und zahlreichen Schwarzweißbildern

HERDER FREIBURG · BASEL · WIEN

Folgende Abbildungen wurden für die Kapitelanfänge verwendet:

Kapitel I: Jean-Michel Moreau d. J., Tänzerin mit ihrem Verehrer. Kupferstich

Kapitel II: Toulouse-Lautrec, Chocolat tanzt in der Irish American Bar. Tusch- und Kreidezeichnung, weiß gehöht, 1896

Kapitel III: Vor einem Pariser Nachtlokal

Farbreproduktionen: H. und H. Schaufler, Freiburg
Gesamtherstellung: Freiburger Graphische Betriebe 1987
ISBN 3-451-20911-X

SAMMLERFREUDE UND SAMMLERLEID

Ein Vorwort

Es gab in den Vorarbeiten zu diesem Buch einen düsteren Augenblick. Er trat ein, als ich feststellte, trotz einigen Siebens doppelt so viele Anekdoten zu haben, als sich auf den mir konzedierten Textseiten würden unterbringen lassen. Denn wenn ich Paris in den vierzig Studienaufenthalten, die ich der Stadt widmete, auch nie als Moloch erlebt habe, etwas von einem Ungeheuer hat diese Stadt: Jede Beschäftigung mit ihr wird unendlich, ufert aus, führt zu vielbändigen Niederschlägen, die erst die bittere und schlichte Notwendigkeit dann zurechtstutzt, bei Mercier, bei Balzac, bei Lenôtre, bei Jules Romains, bei Léon Mallet und nicht zuletzt bei Georges Simenon.

Paris ist nicht nur ein Fest fürs Leben; das größere Fest besteht zweifellos darin, sich ein Leben lang mit Paris beschäftigen zu dürfen, und in den Zeiten, da es noch Literaten mit festen Pfründen gab oder da man „von nichts oder noch weniger" leben konnte, in jenen hinabgegangenen Zeiten gab es das auch, daß ein Rétif viele Bände nächtiger Paris-Impressionen aufzeichnete oder ein Bachaumont an die vierzig Bände täglicher Eintragungen zu einem Paris-Fries von manischer Vollständigkeit gestaltete.

Dies schicke ich voraus, um das Ungenügen dieser neuen Sammlung einzugestehen, andererseits aber auch zu behaupten, daß selbst die drei Bände, um die ich den Verlag gebeten hatte, noch nicht zugereicht hätten, eine unendliche Stadt mit ihrer Gesellschaft, ihrem Volk, ihrem Untergrund und ihren Geheimnissen einzufangen und all jene winzigen Brillanten zu fassen, die wir in den Anekdoten vor uns haben. Da ich somit wählen und entscheiden mußte, gebe ich hier Rechenschaft über die Prinzipien dieses grausamen Vorgangs.

Die Franzosen, die im Lauf der Jahrhunderte nach Paris hinein- und immer wieder auch herausfluteten, sind ein keltisches Volk mit iberischen und illyrischen Einsprengseln und einem breiten germanischen Gürtel im Norden und Osten, den erst der Sonnenkönig erheblich schmälerte, als seine Armeen das flämische nach Norden und das alemannische und fränkische Element nach Osten abdrängten oder unterwarfen. Über diese gute Mischung – denn Europa kennt keinen lebhafteren Grundstoff als das Keltische – schob sich die lateinische Sprache mit der römischen Provinzialkultur. Aus dem Latein, das in Italien wohlklingend und volksnah blieb und in Spanien aristokratisch erstarrte, wurde in Frankreich die aggressivste, geistvollste, anspruchsvollste aller europäischen Sprachen, in der sich der gallische Geist, die lateinische Neigung zum Wortwitz und der germanische Hang zur Reflexion aufs glücklichste vereinigten.

Sichtbarstes, kennzeichnendstes Kind dieser Dreifachehe ist der Wortwitz, *le calembourg,* woraus wohl unser deutsches „Kalauer“ wurde, und eine Stufe darüber, *le bonmot,* das treffende Wort, besonders geschätzt als schlagfertige Antwort, als Augenblicksformulierung. Der Großteil dessen, was sich in Anekdotensammlungen findet, ist eigentlich nur ein Bonmot oder ein anderer geistvoller Ausspruch, der gar nicht im Wortgefecht gefallen, sondern aus einem Buch gewonnen ist. Obwohl ich den Begriff der Anekdote weiter fasse, obwohl diese Bonmots über den Pariser mehr aussagen als über Paris selbst, habe ich natürlich auf sie nicht verzichtet. Man erwartet, sie zu finden, man wird liebe Bekannte wiederbegrüßen, weil eben jenes Wiederfinden oft Freude macht und mancher ein Buch nur in dieser Erwartung erwirbt. Aber natürlich hatte ich auch den Ehrgeiz, diesen Kernbestand der von Generation zu Generation tradierten und tatsächlich oder angeblich typisch französischen

Anekdoten um eigene Funde zu vermehren: Funde in alten Almanachen, Funde in Memoiren, Funde in der essayistischen Literatur.

Diese Suchfahrten waren nicht nur außerordentlich vergnüglich und auf die angenehmste Weise zeitraubend, sie brachten mir zu dem Wort, um das es geht, auch die Umstände, unter denen es gesprochen wurde, womit die Anekdote, in ihre Situation, in den Augenblick der Entstehung gestellt, erfaßbar wird. Man stößt dabei auf köstliche Uralt-Quellen mit Frühzeit-Fotos von Reutlinger, auf denen alle Theaterschönheiten aussehen wie Tante Emma in Blaßbraun, aber auch auf nur deutsch greifbare Quellen, an denen sich Übersetzer und Übersetzerinnen versündigt haben, die den Marais für ein Dorf in der Ile-de-France halten. Man muß sich klar darüber werden, daß auch ein Graf de Vieil-Castel nicht *sine ira et studio* formuliert und daß der charmanteste Memoirenschreiber den meisten Charme stets an sich selbst entdeckt. Dazu bekenne ich, daß ich zwar gesammelt, übersetzt und formuliert habe, daß ich aber den Wahrheitsgehalt der Anekdote selbst nur ausnahmsweise nachprüfen konnte.

Eine zweite legitime Möglichkeit, den herkömmlichen Anekdotenbestand zu ergänzen, bietet natürlich der Fortschritt der Zeit. Im achtzehnten Jahrhundert, unserem ersten Buchteil, waren es die Salons, in denen die unsterblichen Formulierungen geboren wurden, und eine reiche Literatur an Briefen und Erinnerungsbüchern hat sie uns bewahrt. Im zweiten Teil, der mit der Rückkehr der Bourbonen einsetzt, schiebt sich oft die Komik an die Stelle des Geistes, denn nun drängen neue Schichten nach oben, eine Talmi-Aristokratie von Napoleons Gnaden und eine Talmi-Gesellschaft, deren Adelsbriefe Börsenpapiere sind. Auch der alte Adel neigt nun zu absurdem Verhalten, findet er sich doch in einer neuen Welt nur noch schwer zurecht und hat urplötzlich Gegner, die seiner angestammten Naivität nicht mehr mit lächelnder Duldung begegnen. In diesem wegen seiner Stillosigkeit so oft verachteten neunzehnten Jahrhundert fanden sich Anekdoten von jenem entlarvenden Charakter, der sie zu Dokumenten erhebt, womit ich meine ungewohnt reichliche Ernte aus dem Zweiten Kaiserreich zu rechtfertigen hoffe.

In unserem Jahrhundert schließlich ist die Vermischung vollendet; der Kriegsgott hat kräftig umgerührt mit dem Ergebnis, daß nach 1945 selbst jener Adel erstrebenswert (und darum gefälscht) wird, der auf Napoleons Unteroffiziere zurückgeht, während demokratisch gewählte Staatspräsidenten sich nicht scheuen, mit alten Gräfinnen um einen Adelstitel aus höchst undemokratischen Zeiten zu feilschen. Ein afrikanischer Kaiser darf der französischen Nation vorführen, daß die sublimsten Kreationen ihrer Modeschöpfer sich nirgends attraktiver ausnehmen als auf den Leibern jener schwarzen Schönheiten, deren Mütter noch nackt herumgelaufen sind, und seine Diamanten, die zielsicheren französischen Raketen und die Mirage-Jäger heben das alte Römerland vollends heraus aus seinen edlen Traditionen auf eine Plattform, die von den Stürmen des großen internationalen Geschäfts umtobt wird.

Die Tradition und ihre Konfrontation mit der Aktualität bleiben weiterhin der ergiebigste Quell für Bonmot und Anekdote, aber es ist eine völlig veränderte Welt: Die Gräfin von Paris, Thronerbin von Frankreich, erringt mit einem kompromißlosen Benimm-Buch in einigen Stadtteilen einen Achtungs-, in den anderen aber einen Heiterkeitserfolg, und die charmante Aufsteigerin Nadine Tallier sieht mit braunen Kulleraugen zu, wie der vom religiösen Korsett und von den Aktienpaketen gehaltene Clan der Rothschild-Pereire-Ephrussi seine Millionen zwischen Wüstensiedlungen und Watteaus teilt.

Wo Ordnungen sich auflösen, verliert die Anekdote an Wirkung und an Sprengkraft, sie degeneriert zum

Symptom. Auch davon habe ich Beispiele gesammelt, vielleicht zu viele, weil sie in den alten Anekdotenbüchern notwendigerweise fehlen mußten. Man versteht sich dann als Zeuge einer Zeit, die sich ohnedies vielfach selbst bekundet dank der neuen Techniken, die jedem Schreihals die hoffentlich begrenzte Ewigkeit des Tonbands zubilligt. Damit wird auch langsam der Urheber der Anekdote zum Schemen; den großen Anekdotenproduzenten wie Sacha Guitry oder Ernest Feydeau, auf die ihr Komödienwitz zurückwirkt, sind vergleichbare Persönlichkeiten nicht gefolgt. Dafür ist die Gesamtsituation endgültig absurd geworden und produziert die unfreiwillig-komischen Rencontres unaufhaltsam wie Asterix seine Textblasen.

Was die Stadt Paris zur Entstehung dieser Anekdoten, Bonmots und Histörchen beiträgt, ist einerseits offenbar, andererseits schwer zu beschreiben. Ein Herr von Sainte-Foix hat im achtzehnten Jahrhundert festgestellt, was vermutlich für jede Großstadt jener Zeit gilt, daß man nämlich ein Jahrhundert zurückbleibe, wenn man sich nur ein paar Meilen von ihr entferne, und von dem Abbé Galiani wissen wir, daß er nach seiner Rückberufung in die neapolitanische Heimat mit anderen in die Heimat Verbannten das Gesellschaftsspiel *Paris* erfunden habe, einen Zirkel der Verzweifelten, die so taten, als dinierten sie noch an der Seine.

So extreme Unterschiede haben ihren Ursprung im höfischen Leben und in der Tatsache, daß der Sonnenkönig seinen Adel, um ihn sich gefügig und abhängig zu machen, nach Versailles befahl, mit Ämtern und absurden Verwendungen lockte, mit den Ehren königlicher Beachtung dafür entschädigte, daß die verwaisten Güter zugrunde gingen. Damals also war Paris die Welt und das Zentrum des Geistes, trotz der Musenhöfe in Bordeaux, in Aix, in Dijon.

Die Revolution ist die Zäsur, die ländliche Milieus aufwertet; die Frau von Staël, George Sand und vor ihnen schon Voltaire in Ferney kündigen Paris ein Ende seiner absoluten Vorherrschaft an, und erst das Theater und die Vergnügungen des Zweiten Kaiserreichs und der *Belle Epoque* setzen Paris wieder in seine zentrale Rolle ein.

Vergessen wir aber nicht, daß diese einzigartige Stadt auch ein geheimeres Leben hat, eines, das zu erkunden nicht den schärfsten Geistern gelang, sondern den empfindsamsten, nicht Duclos oder d'Alembert, sondern Balzac, Sue, Simenon, Lenôtre, Léon-Paul Fargue. Man kann zu selbstsicher sein für den Zauber dieser Stadt, die sich der schwärmenden Geister annimmt wie eine große Mutter. Und darum ist in diesem Buch neben viel fremdem Geist auch ein wenig eigene Schwärmerei.

I

DIE SONNE DES GEISTES
1715 – 1815

Der Kardinal d'Estrées war im hohen Alter kränklich geworden und konnte insbesondere auf den harten Stühlen der Académie Française, der er angehörte, nur unter Schmerzen sitzen. Er richtete darum an Ludwig XIV. die Bitte, daß er auf eigene Kosten einen bequemen Polsterstuhl in den Sitzungssaal stellen lassen dürfe.

Ludwig XIV., der voraussah, was dies für Folgen haben würde (denn Jünglinge gehörten der Akademie damals ebensowenig an wie heute), befahl daraufhin, daß sämtliche vierzig Stühle durch bequeme Fauteuils zu ersetzen seien, und der *Fauteuil de l'Académie* ist heute zu einem Begriff geworden.

Abbé de Chaulieu, selbst kein Jüngling mehr, verliebte sich in die trotz hohen Alters immer noch schöne und ungemein charmante Ninon de Lenclos. Aber sie hielt ihn lange hin, machte Ausflüchte und bestellte ihn schließlich für einen Augusttag des Jahres 1700 in ihre Wohnung an der schönen Place Royale.

Überglücklich, endlich erhört zu werden, fand der Abbé sich am angegebenen Tage zur Besuchszeit ein, konnte aber die Frage nicht unterdrücken, warum Ninon, wenn sie schon entschlossen war, ihn zu erhören, eine so lange Frist gesetzt hatte.

„Das will ich Ihnen erklären, mein lieber Abbé", antwortete Ninon de Lenclos; „ich bestellte Sie auf den heutigen Tag, meinen achtzigsten Geburtstag, denn keine Frau kann sich ein schöneres Geburtstagsgeschenk machen als einen neuen Liebhaber!"

Die Marquise de Maintenon, Erzieherin der unehelichen Königskinder und selbst von bedenklichem Vorleben, hatte es erreicht, in heimlicher Ehe dem vierzehnten Ludwig angetraut zu werden. Ihren Bruder, dem Marquis d'Aubigné, hatte sie durch das, was man heute Insider-Tips nennt, zum reichen Mann gemacht, aber als er wieder einmal kam, um sich zu bedanken, fand er sie in düsterer Stimmung.

„Mich freut nichts mehr", sagte sie, „ich warte nur noch auf den Tod!"

„Du willst doch", erkundigte sich der Marquis mißtrauisch, „nicht etwa im Himmel noch eine heimliche Ehe schließen?"

In einer Zeit, da auch die Schriftsteller noch zum größten Teil aus geistlichen Kreisen kamen, erwarb sich der Abbé Prévost bedeutenden Ruhm mit seinem Liebesroman der *Manon Lescaut*, einem Werk, unter das heute kaum ein Geistlicher seinen Namen setzen dürfte. Um seinen schöngeistigen Ambitionen weiterhin nachgehen zu können, suchte der Abbé nach einer Sinekure und bat den Prinzen Conti um eine Anstellung als Hauskaplan dieser reichen Familie.

„Ganz Paris weiß, daß ich keine Messen höre!" antwortete der Prinz kurz angebunden.

„Ganz Paris weiß auch, daß ich keine Messen lese", antwortete der Abbé.

„Wenn das so ist", schloß Conti lachend, „dann passen wir allerdings prächtig zusammen."

Als die Pariser Geistlichkeit noch auf der Ile de la Cité wohnte, bot die enge Insel sogar Raum für einen hübschen Garten, in dem die Domherren sich ergingen. Einer von ihnen wollte eines Tages dem Gärtner etwas Angenehmes sagen und lobte:

„Ist es nicht wunderbar, was die Hand eines Menschen im Verein mit der göttlichen Vorsehung alles zuwege bringt?"

„Da hätten Eure dompröpstliche Gnaden den Garten

sehen sollen", antwortete der Gärtner, „als die göttliche Vorsehung noch allein in ihm wirtschaftete."

Einer der unwürdigsten Kardinäle aller Zeiten war der Premierminister Dubois, die rechte Hand des Regenten Philipp von Orléans, ein intelligenter Politiker, der viel für Frankreich tat, aber so ausschweifend lebte wie sein Herr.

Als eine hübsche Dame von Familie ihm keine Ruhe ließ, weil sie gewisse wichtige Privilegien bestätigt zu erhalten wünschte, sagte der in seiner Ausdrucksweise stets sehr unverblümte Dubois zu der Schönen schließlich wütend:

„Allez vous faire foutre", was in der vorsichtigsten Übersetzung etwa heißt: Ach gehn Sie doch zum Teufel.

Die Dame, der solches noch nie gesagt worden war, eilte aufgelöst zum Regenten. Dieser, für Frauenschönheit außerordentlich empfänglich, musterte sie wohlgefällig und sagte dann:

„Sie haben recht, Teuerste, Dubois ist ein Flegel – aber seine Ratschläge sind nicht zu verachten!"

Der Bretone Charles Pinot-Duclos gehörte zu jenen nicht ganz seltenen Erscheinungen, die von ihren Zeitgenossen als die Leuchten des Jahrhunderts gefeiert, seither aber vergessen wurden. Mitglied der Académie Française und anderer gelehrter Gesellschaften, Historiker, Romancier und berühmter Freigeist, galt er den Parisern seiner Zeit als der Inbegriff der Aufklärung und konnte mit Recht von seinen literarischen Feinden sagen, sie fürchteten ihn „wie die Diebe von Paris die neue Straßenbeleuchtung".

Als er in einem ersten Memoirenband so gut wie gar nicht von den Frauen sprach, warf man ihm dies vor, und er ließ ein zweites Buch folgen, seine *Memoiren im*

Dienste der Sittengeschichte des XVIII. Jahrhunderts, in denen dann die Frauen im Vordergrund standen.

So manche Dame, in deren Salon er verkehrte, verwechselte seine Libertinage im Geist mit lockeren Grundsätzen der Lebensführung, und so sagte die Comtesse de Rochefort, nach einem Salongespräch über das Paradies, zu ihrer Runde:

„Das Paradies unseres guten Duclos kann ich Ihnen schildern, liebe Freunde: guter Wein, würziges Brot, *le plateau de fromage* und an Frauen die erste beste!"

Von den geschraubten Philosophien seiner Zeit hielt Duclos nicht viel: „Alle diese Fanatiker des Gedankens sehe ich schon im Beichtstuhl enden", sagte er einmal, „dabei gibt es doch eigentlich nur eine Maxime: Wollte jeder soviel Gutes tun, wie er kann, ohne sich selbst zu inkommodieren, dann gäbe es so gut wie keine Unglücklichen mehr auf der Welt."

Duclos war viele Jahre Sekretär der Académie Française und damit der meistumworbene Mann bei all jenen, deren ganzer Ehrgeiz einer der vierzig Fauteuils war.

Als einer der Bewerber eines Tages sein hohes Alter ins Treffen führte und daraus den Anspruch ableitete, unter die Unsterblichen aufgenommen zu werden, wehrte Duclos erbost ab:

„Aber ich bitte Sie, *cher Confrère,* die Académie verteilt doch nicht Letzte Ölungen!"

Vermutlich hat Duclos auch an die Akademie gedacht, als er zu dem sehr freimütigen Minister Argenson einmal sagte:

„Mit den Schöngeistern ist es wie mit den Rosen: Eine

einzige von ihnen bereitet Vergnügen, ein ganzes Bukett macht uns Kopfschmerzen durch den Duft".

D'Argensons Freundin, die entzückende Soubrette Jeanne-Françoise Quinault, rettete den verkommenen Alexis Piron, indem sie ein Stück von ihm an die *Comédie Française* brachte und aus seiner zügellosen Natur endlich einen sanft Liebenden machte.

Einer von Pirons Briefen an sie schließt: „Ich werde mich hüten, diesen Brief mit einer so scheußlichen Blasphemie zu beenden, wie sie das Wörtchen *adieu* wäre."

An einem Vormittag, als d'Alembert die vierundachtzigjährige Mademoiselle Quinault besuchte, fand er sie zu seiner Überraschung geschminkt, das Haar mit rosafarbenen Bändern durchflochten, in einem frisch gestärkten Hemd im Bett.

„Glauben Sie nicht, ich sei in meinem hohen Alter noch gefallsüchtig", sagte sie und reichte ihm die welke Hand zum Kuß, „ich habe mich nur so schön gemacht, weil es heute ans Sterben geht."

Madame de Tencin, die Mutter d'Alemberts, war vermutlich die geistvollste Frau in dem liederlichen Kreis um den Regenten und seinen Premierminister Dubois.

Sich Philipp von Orléans geneigt zu machen, fiel der schönen und sich unbedenklich verschenkenden Frau nicht schwer. Als sie aber einmal ein Schäferstündchen ausnützen wollte, um dem Regenten ein politisches Zugeständnis zu entlocken, sagte er übelgelaunt:

„Ich mag Weiber nicht, die zwischen zwei Leintüchern von Geschäften reden."

Im Jahr 1734 wurde die schöne Prinzessin Lixin Witwe: Richelieu, der spätere Marschall, hatte ihren Mann im Duell getötet. Sie hatte ihn sehr geliebt, heiratete aber bald den Herzog von Mirepoix und kannte fortan nur noch eine Leidenschaft: das Spiel. Ihr ständiger Geldbedarf machte sie von der Dubarry abhängig und damit gesellschaftlich unmöglich, und Walpole sagte von ihr:

„Madame de Mirepoix is *the* agreeable woman of the world when she pleases – but there must not be a card in the room!"

Aus den Erinnerungen der Madame d'Epinay kennen wir ein seither berühmt gewordenes Gespräch über das Schamgefühl, den Besitztrieb und die Beziehung der Geschlechter zueinander, das bei Mademoiselle Quinault stattfand, nachdem sie ihre zwölfjährige Nichte Olympe ins Bett geschickt hatte.

Duclos war der rücksichtsloseste Diskutierer, mußte wiederholt ermahnt werden und sagte doch schließlich, was er dachte:

„Die Befriedigung der Geschlechtsgier ist eine Art Raub. Der Leidenschaftliche entführt das Weib seiner Wahl so, wie der Hund, der einen Knochen erhascht hat, diesen nicht aus dem Maul läßt, sondern in einer Ecke zernagt. Ja noch während er dies tut, wendet er immer wieder argwöhnisch den Kopf und knurrt ..."

Sébastien-Roch Nicolas, der sich Chamfort nannte, ist mit d'Alembert der zweite große Geheimnisvolle unter den Vorläufern der Revolution. Wie d'Alembert ein Findelkind, hat er bis zu seinem Tod über seine Eltern geschwiegen und vielleicht selbst nichts erfahren, sicher ist nur, daß sie ihn mit den höchsten Gaben des Geistes ausgestattet haben und mit einer sehr vorteilhaften äußeren Erscheinung. Vom König verwöhnt, von Marie

Antoinette und vom Prince de Conti mit Ehrenpensionen ausgestattet, mit kostenloser Wohnung im Palais Bourbon geehrt, wird Chamfort schließlich zum Sekretär der Jakobiner-Partei und zu einem der besten Köpfe der Neuordnung in Frankreich.

„Die Revolution", erkennt er jedoch bald, „gleicht einem streunenden Hund, nur daß ihn niemand einfängt."

Das Wort genügt zu seiner Verhaftung, er bittet die Häscher, ihm einen Augenblick Zeit zu geben, schießt sich eine Kugel in den Kopf, sticht sich in den Hals, überlebt aber noch sechs Monate ... Der Mann, der das Wort schrieb: „Krieg den Schlössern, aber Frieden den Hütten" (im Deutschen meist falsch zitiert), ist von der Revolution verschlungen worden wie so viele andere ihrer Kinder.

Als Chamfort das Palais Bourbon verließ und sich eine kleine Wohnung in Auteuil nahm, fragte ihn sein Freund Guinguené, warum er denn eine so komfortable Wohnung aufgebe.

„Die Natur hat mir niemals gesagt: Sei nicht arm", antwortete Chamfort, „und schon gar nicht hat sie gesagt: Sei reich. Hingegen verlangt sie von mir gebieterisch: Sei unabhängig!"

Chamfort ist der glückliche Sonderfall eines hochgebildeten und gescheiten Mannes, der trotzdem viel Erfolg bei Frauen hatte, ein Widerspruch zu seiner eigenen These, daß die Weisen keine Eroberungen machten, weder im Krieg noch im Bett. Allerdings trugen Chamforts Erfahrungen mit den Damen einer ausschweifenden Gesellschaft auch dazu bei, dieser ihr Ende zu prophezeien.

„Ich habe gesehen", berichtete er, „wie ehrliche Leute, ja achtenswerte Gesellschaften dem Glück von Fräulein

X. Beifall spendeten, einer jungen, schönen und geistreichen Person, welche die Ehre hatte, die Gemahlin des Herrn von M., eines abstoßenden, unredlichen, dummen, aber eben reichen Geizhalses, zu werden. Wenn etwas ein ehrloses Zeitalter charakterisiert, so ist es ein solcher Anlaß, das Lächerliche einer solchen Freude, die Verkehrung aller moralischen und natürlichen Wertungen."

Auch im achtzehnten Jahrhundert wurde das Zölibat zeitweise zur Streitfrage, und natürlich äußerte sich auch Chamfort dazu:

„Das vernünftigste und das maßvollste Wort in dieser Streitfrage zwischen Ehe und Zölibat lautet: So oder so, du wirst es bereuen. Fontenelle bereute in seinen letzten Lebensjahren, daß er ledig geblieben sei – er vergaß fünfundneunzig sorgenfreie Jahre!"

Chamfort erzählt von einem Domherrn der Pariser Kirche, der eine gute Tafel liebte und einen Abbé, der ihn besuchen kam, herzlich einlud, mit zuzugreifen.

„Ich bedaure unendlich, Eminenz", antwortete der Abbé, „erstens ist heute Fasttag, und zweitens habe ich schon zweimal ausgiebig gegessen."

Marie Marquise du Deffand hatte den berühmtesten Salon ihrer Zeit, in dem auch viele Geistliche verkehrten. Da die Marquise zwar im Innersten fromm, aber jeder Scheinheiligkeit abhold war, kam es gelegentlich zu erregten Disputen, bei denen manche alte Legende zerpflückt wurde.

„Wollen Sie etwa leugnen, Marquise", fragte sie bei so einer Gelegenheit der Kardinal von Polignac, „daß Saint Denis nach seiner Enthauptung seinen Kopf in die

Hände genommen und noch eine Meile weit getragen hat?"

„Eine Meile! Eine Meile!" antwortete die Marquise wütend, „als ob es darauf ankäme: Der erste Schritt ist es, der zählt!"

1780, als die Marquise hochbetagt das Zeitliche segnete, wollte der Priester an ihrem Sterbebett zu einer längeren Ermahnung ansetzen. Marie du Deffand, die fühlte, daß sie für ihre Beichte nicht mehr viel Zeit hatte, unterbrach ihn leise mit den Worten: „Sie werden sicherlich sehr zufrieden mit mir sein, Hochwürden, darum erlassen Sie mir dreierlei: die Fragen, die Vorhaltungen und die Predigt ...!"

Der Graf von St-Germain erzählte eines Tages, er sei bei Pontius Pilatus im Dienst gewesen, und beschrieb genau dessen Haus und Gewohnheiten. Der Kardinal Fleury nahm den Diener des Grafen beiseite und fragte ihn scherzend:

„Ich glaube nicht, was Euer Herr mir da erzählt ... oder wart Ihr auch dabei?"

„O nein, Herr", antwortete der Diener, „mein Herr ist viel älter als ich! Ich stehe erst seit vierhundert Jahren in seinen Diensten."

Der Abbé Bernis, galanter Dichter, Weltmann und Diplomat, sollte eine einträgliche Pfründe erhalten. Der Weg dazu führte jedoch über den achtundachtzigjährigen Kardinal Fleury, den Premierminister, der Bernis nicht leiden konnte.

„Solange ich lebe", beschied ihn Fleury brüsk, „werden Sie keine Pfründe erhalten!"

Bernis verneigte sich.

„Wenn es so ist, Eminenz, werde ich eben ein wenig warten ...!"

Madame de Coulanges, eine der geistvollsten Pariserinnen ihrer Zeit, beichtete dem Abbé Bernis in so wohlformulierten Sätzen, daß der Abbé, als die Dame zu Ende gekommen war, statt ihr eine Buße zuzudiktieren, begeistert ausrief:

„Madame – so viele Sünden, so viele Epigramme!“

Als der Kardinal Graf Bernis noch ein junger Abbé war, sollte er zur Einkleidung einer Nonne, der jungen Comtesse Brigitte de Rupelmonde, die Predigt halten. Als er dazu die Kanzel bestieg, fiel aus seinem Brevier ein Blatt Papier, ein anderer Abbé – er hieß de Talleyrand-Périgord – hob es auf, und die Umstehenden erkannten aus der Überschrift, daß es sich um ein Spottgedicht handle, das Bernis auf eben jene Dame verfaßt hatte, zu deren Einkleidung er die Predigt halten sollte.

Claude-Henri de Fusée, Abbé de Voisenon, ein Freund Voltaires und Verfasser ziemlich frivoler Dichtungen, hatte nicht ganz ohne Grund mächtige Angst vor der Hölle. Als er einmal ernstlich erkrankte, bat er einen Pater zu sich, den er kannte und schätzte, und fragte ihn, was er tun solle, um der Hölle zu entgehen.

„Zunächst müßten Sie wohl mit ihren leichtfertigen Geschichten und Romanen aufhören, Monsieur l'Abbé“, sagte der Pater.

„Und wenn ich es nicht tue?“

„Dann werden Sie nicht nur in der Hölle braten, sondern auch das Schicksal aller lästerlichen Schriftsteller teilen ...“

Voisenon erbleichte.

„Was ... was ist das für ein Schicksal?“

„Sie werden tagtäglich ausgepfiffen – bis zum Jüngsten Gericht!“

Seine schlüpfrigen Erzählungen hatten dem Abbé de Voisenon einen sehr schlechten Ruf eingetragen, der – wie sich allerdings erst lange nach seinem Tod herausstellte – ziemlich unbegründet war. Eines der jungen Mädchen, mit denen der Abbé in höherem Alter seine Wohnung geteilt hatte, erzählte Voltaire, wie es zu diesen Gerüchten gekommen war:

„Der Abbé forderte mich immer wieder auf, mich hübsch zu kleiden, und er machte keinen Hehl aus meiner Anwesenheit in seiner Wohnung. Ein schlechter Ruf, pflegte er zu sagen, sei die beste Reklame, und je mehr man über sein Leben lästere, desto eifriger würden seine Bücher gekauft werden."

Einer der schönsten Plätze von Paris, die Place des Vosges mit ihren Kolonnaden, hieß früher Place Royale. Die hübsche Mademoiselle de Launay, häufiger Abendgast im Salon der Madame d'Epinay, wohnte an diesem Platz und sah sich regelmäßig, wenn sie abends heimging, durch die Kolonnaden von einem eleganten Unbekannten verfolgt.

Eines Tages aber ging der Verfolger nicht mehr hinter ihr her um das Geviert herum, sondern wählte die Abkürzung in der Diagonale, schräg über den Platz.

„Jetzt", berichtete Mademoiselle de Launay beim nächsten Salon-Abend, „jetzt ist es wohl bald vorbei: Seine Liebe ist geschrumpft, von den zwei Katheten auf die Länge der Hypotenuse!"

Vom Salon der Madame d'Epinay, in dem neben Rousseau und Diderot ja auch Vielschreiber wie der Baron Grimm verkehrten, nahm diese kleine Geschichte ihren Weg in die Welt, aber nur Flaubert scheint sich darüber Gedanken gemacht zu haben, was Mademoiselle de Launay durch ihre mokante Haltung möglicherweise verloren habe.

„Die Liebe ist nämlich, man kann es drehen, wie man will", schrieb er an Louise Colet, „nichts anderes als eine äußerst gesteigerte Erwartung, der Appetit, das Verlangen nach dem Unbekannten, und sie stößt uns hinaus ins Gewitter mit bloßer Brust und kopfüber ..."

Voltaire, geistvoll, spöttisch und doch stets bereit, sich für Verfolgte zu engagieren, wurde gleichwohl von Frankreichs Kanzeln herab häufig angegriffen, so daß eine junge Frau, als sie mit ihm Picquet spielte und ein gewaltiges Gewitter losbrach, sogleich überzeugt war, der Himmel wolle sie für diese Vertraulichkeit mit dem Freigeist bestrafen.

„Mein armes Kind", sagte Voltaire, innerlich vor Wut zitternd, „wenn Sie Ihr Leben lang auf den Knien liegen, werden Sie Gott nicht so nahe sein wie ein einziger meiner Verse!"

Voltaire erhielt eines Tages den Besuch einer Abordnung der *Académie de Soissons*, einer Vereinigung provinzieller Gelehrsamkeit. In ihrer Begrüßungsansprache bezeichneten die Herren ihre Akademie als die älteste Tochter der berühmten *Académie Française.*

„Eine Tochter gewiß, Messieurs", stimmte Voltaire zu, „eine brave Tochter, eine fromme Tochter, kurz, ein Mädchen, von dem man nie etwas gehört hat!"

Der Abbé Galiani brachte es nie zum Gesandten Neapels in Paris, sondern blieb Attaché, obwohl er seinem Vorgesetzten an Geist und Bildung weit überlegen war. Einmal ersuchte der Gesandte nun Galiani, für eine entfernte Verwandte, die ins Kloster eintreten sollte, eine Kollekte einzuleiten. Der Abbé ärgerte sich maßlos über diesen Auftrag, durch den der Gesandte lediglich die guten gesellschaftlichen Verbindungen Galianis ausnützen wollte, und eröffnete die Sammlung, indem er zu den Eingeladenen sagte:

„Meine Damen und Herren, Monsieur l'Ambassadeur empfiehlt Ihrer Großmut und Barmherzigkeit eine junge Dame, die nicht genug besitzt, um das Gelübde der Armut ablegen zu können."

Galiani hatte zwar einige sehr kluge wirtschaftswissenschaftliche Werke verfaßt, aber kein poetisches Œuvre aufzuweisen, das seiner Position in den literarischen Salons entsprochen hätte. Als ein junger Dichter in einer Gesellschaft einmal auf diese Tatsache anspielte, antwortete der Abbé:

„Darin gleichen sich die Reiche der Politik und der Literatur vollkommen, mein Lieber: In beiden Fällen machen die Dummköpfe den Text und die Geistreichen den Kommentar."

Da Voltaire nicht mit Unrecht als einer der geistigen Väter der Französischen Revolution gilt, gab es bei der Rückkehr der Bourbonen eine starke Strömung, die seine Asche aus dem Panthéon, der Ruhestätte der berühmtesten Franzosen, wieder entfernen wollte.

„Ach, laßt ihn doch, wo er ist", sagte Ludwig XVIII. den Übereifrigen, „schlimm genug für Voltaire, wenn er jetzt, da das Panthéon wieder zur Kirche geworden ist, täglich die Messe hören muß!"

Sophie Arnould war in der zweiten Hälfte des achtzehnten Jahrhunderts nicht nur der Liebling des Pariser Opernpublikums, sondern als geistvolle Frau auch mit den bedeutendsten Männern ihrer Zeit befreundet, mit Diderot, d'Alembert, Jean-Jacques Rousseau und anderen. Die Sammlung ihrer Aussprüche heißt *Arnoldiana* und hat seit 1813 in Anekdotensammlungen so viel begreiflichen Erfolg gehabt, daß wir hier eine kleine Geschichte von dem Mann bringen, den sie unter vielen Freunden besonders liebte, eine Geschichte des Comte de Lauraguais.

Die Soupers bei einem Herrn d'Aligre waren berüchtigt, weil die Küche elend war, aber man ging hin, weil sich bei Aligre alle bösen Zungen von Paris trafen.

Dem Grafen von Lauraguais wurde es einmal aber doch zu bunt. Er warf die Serviette auf den Tisch, stand auf und sagte:

„Ich habe es satt, mir statt kaltem Braten oder Schinken immer nur meine Nebenmenschen aufs trockene Brot legen zu lassen!"

Lauraguais aus der alten Familie de Brancas hatte in Paris für eine Reihe von Neuerungen gesorgt, die nicht alle populär waren. Er hatte die Nassauer aus den Kulissen der *Comédie Française* vertrieben und sich im publizistischen Kampf gegen Scharlatane unter Ärzten und Apothekern eine Reihe von Haftbefehlen, die sogenannten *Lettres de Cachet*, eingehandelt, so daß er für eine Weile nach England emigrieren mußte.

Als er zurückkehrte, empfing ihn Ludwig XV., der in jungen Jahren eine Verwandte des Grafen heiß geliebt hatte, und fragte ihn, was er denn so lange in England getrieben habe.

„Ich habe denken gelernt, Majestät!"

„Vom englischen Vollblut?" fragte der König.

Sophie Arnould war so beliebt, daß nur noch die Fremden es bemerkten, wenn sie auf der Bühne mit ihrer Stimme nicht mehr recht auskam.

Einer dieser Fremden war der Abbé Galiani. Er wagte es, nach einer Vorstellung, in der die Arnould wieder alle entzückt hatte, in seinem Kreis zu sagen: „Der Vortrag der Arnould ist das bezauberndste Asthma, das ich je gehört habe!“

In harten Wintern strichen die Wölfe bis nahe an die Stadt Paris heran, und vor allem die Gemeinden nördlich der Stadt waren bis in napoleonische Zeiten vor diesen Raubtieren nicht sicher. Als die Schauspielerin Sophie Arnould einmal hörte, bei Saint-Denis sei ein Mönch von den Wölfen verschlungen worden, sagte sie maliziös:

„Die armen Tiere. Sie müssen entsetzlichen Hunger gehabt haben ...“

Von 1769 bis 1774 war der Abbé Joseph-Marie Terray französischer Finanzminister, ein Zyniker, der durch seine oft brutale Geldbeschaffung dem König zwar ein ausschweifendes Leben ermöglichte, aber auch die Regierung in Gegensatz zur Volksmeinung brachte. Auf einer Gesellschaft erschien der eitle Abbé einst mit einem pelzbesetzten Muff. Das auffällige Kleidungsstück wurde so lange bespöttelt, bis Terray es ablegte, die nackten Hände drohend reckte und zu den umstehenden Herren und Damen sagte:

„Ist es Ihnen so lieber? Fürchten Sie nicht alle, daß ich meine Hände nun in Ihre Taschen stecken werde?“

Der in seinen Feldzügen ziemlich unglückliche Marschall von Soubise tröstete sich mit einem regelrechten Harem, der ihn in seinem prachtvollen Palais im Marais in entsprechend dürftiger Toilette umgab.

Eines Tages kam unangemeldet, in einer Angelegenheit von höchster Dringlichkeit, der Erzbischof von Sens, dessen Palast nur wenige Schritte entfernt im gleichen Stadtviertel lag. Verblüfft und schließlich erbost musterte der Kirchenfürst die davonstiebenden nackten Schönen – aber Soubise hatte sich schnell gefaßt:

„Seit die Kirche einen Abbé als Finanzminister nominiert hat, müssen auch die Marschälle von Frankreich sich einschränken“, sagte er seufzend. „Ich schwöre Ihnen, Eminenz: Ehe der Abbé de Terray das Portefeuille der Finanzen erhielt, waren alle diese Damen bekleidet ...“

Die Champs-Élysées, heute die eleganteste und prächtigste Verkehrsader von Paris, waren im achtzehnten Jahrhundert eine schlechte und wenig begangene Straße und nachts so unsicher, daß für sie – auf der Höhe des heutigen Hauses Nr. 73 – ein eigener Militärposten eingerichtet werden mußte.

Im Journal des Jahres 1788 findet sich an einem Sommerabend folgende etwas ungelenke Eintragung eines Wachsergeanten:

„Arretiert gegen acht Uhr abends einen Abbé und eine Negerin, von der er behauptet, der Beichtvater zu sein. Wieder freigelassen mit der Ermahnung an den Herrn Abbé, künftighin nachts unter den Bäumen keine Beichten mehr abzunehmen.“

Nicht der Herzog von Saint-Simon, nicht Tallemant des Réaux und nicht einmal Rétif de la Brétonne können als Sittenschilderer dem bei uns kaum bekannten Sébastien Mercier (1740–1814) das Wasser reichen, doch gibt es von den achtzehn Bänden seiner Paris-Bilder ebensowenig eine deutsche Übersetzung wie zum Beispiel von der elfbändigen Pepys-Ausgabe oder dem kompletten Saint-Simon der *Bibliothèque de la Pleiade.*

Bei Mercier findet sich die Geschichte eines Schnorrers, der ganz bestimmt mit seiner Methode viele Kollegen zur Nachfolge ermunterte: Er lungerte in bestem Festanzug vor jenen Kirchen herum, die für Hochzeiten des kleinen Volkes als die beliebtesten galten, und schloß sich dann, wenn es zum Hochzeitsmahl ging, ganz einfach der Gesellschaft an. Da Paris, wie man weiß, bis heute ein Konglomerat großer Dörfer geblieben ist und viele Pariser ihre Verwandtschaft in der Umgebung haben, gelang es dem Mann lange Zeit, von der Familie des Bräutigams für einen Vetter der Braut gehalten zu werden und umgekehrt, bis er endlich einem Gast auffiel, der selbst wegen zahlreicher Beziehungen viel auf Hochzeiten eingeladen war und den Schnorrer in einer Woche gleich dreimal getroffen hatte. Als der Mann entdeckt wurde, hatte er allerdings bereits das ganze Mahl einschließlich der üppigen Desserts hinter sich gebracht.

Eine hübsche junge Schauspielerin schleppte eines Tages einen alten Theaterarzt vor den Bezirksrichter und behauptete, er habe ihr bei sich bietender Gelegenheit Gewalt angetan.

Der Richter musterte die kräftige junge Schönheit und den klapprigen alten Arzt, der im Theater das Gnadenbrot bekam, und fragte, warum sie sich denn nicht des altersschwachen Angreifers erwehrt habe, sie sei doch offensichtlich kräftiger als er.

„Im Grund haben Sie damit gewiß recht, *Monsieur le Juge*", antwortete sie, „aber wenn ich lachen muß, dann verlassen mich meine Kräfte!"

Im achtzehnten Jahrhundert regierte in den Pariser Theatern vor allem des leichten Genres noch weitgehend der italienische Geschmack. Um so glücklicher war man, als sich in einer Mademoiselle Maillard eine reizende und temperamentvolle Colombine fand, die zugleich eine überzeugende Pariserin war. Sie trat mit ihrem Mann (was der Bezeichnung Mademoiselle damals keinen Abbruch tat) am Theater der Foire Saint-Germain auf, also im lebhaften Zentrum des linken Ufers, und sie war so hübsch, daß sich viele nach ihr umdrehten, wenn sie zum Theater ging.

Ihr Mann stand bei einer Verkaufsbude, sah sie in einiger Entfernung der Bühnentüre zustreben und grüßte sie mit einer Geste.

„Sie kennen die Maillard?" fragte ein Offizier, der neben ihm stand.

„Das kann man sagen", spaßte Maillard, „zumindest bin ich ihr Liebhaber."

„Aber nicht der einzige, Monsieur!" antwortete der Offizier.

Es kam zu einem Wortwechsel, in dessen Verlauf Maillard seinen Namen nannte, und man trat zum Duell an, was immerhin für den Ruf der Pariser Schauspieler spricht. Maillard, wenig in den Waffen geübt, wurde verwundet, aber er überlebte.

Man reiste viel im achtzehnten Jahrhundert, und da sich der Ruhm der Stadt Paris bis in den Orient verbreitet hatte, kam im Jahr 1786 ein Potentat aus dem Morgenland nach Paris, der jene vier Frauen mit sich führte, die der Prophet seinen Getreuen gestattet hat.

Die moralische Entrüstung in gewissen Pariser Kreisen war groß: vier Frauen, und ganz öffentlich. Man interpellierte den Erzbischof, und nur Duclos blieb ruhig:

„Man sollte dem Prinzen nahelegen", sagte er, „Christ zu werden und sich in Paris niederzulassen. Dann müßte er sich zwar auf *eine* Ehefrau beschränken, dafür aber stünde ihm bei seinen Mitteln das ganze Opernballett zur Verfügung."

Direktor Désaugiers und die Truppe des *Vaudeville* kamen aus einem erfolglosen Gastspiel im Süden völlig mittellos an der Barrière an, den Zollschranken der Stadt Paris. Désaugiers hatte gerade noch eine kleine Münze in der Tasche, kaufte davon ein Brötchen, brach es auseinander und frage einen Kollegen:

„Willst du die Brust oder die Keule?"

Zum Pariser Stadtbild gehört ein alter Schauspieler, der kaum noch beschäftigt wird und in erster Linie vom Schauspielunterricht lebt. Er trägt eine große Lavallière-Krawatte, einen breitrandigen Filzhut und einen Umhang, so daß André Luguet, als er ihm vor dem Palais-Royal begegnete, einem Freund zuflüstern konnte:

„Sehen Sie sich den Mann an – ist er nicht das Urbild des Schauspielers, des großen Komödianten? Erst wenn er auf der Bühne steht, erkennt man, daß man sich getäuscht hat ..."

Montesquieu, zehn Jahre lang Parlamentspräsident zu Bordeaux, dann nur noch Schloßherr auf La Brède, lebte also überwiegend fern von Paris. Dennoch hat er über die Stadt Paris und ihre Frauen ein Wort gesagt, das von keinem anderen an Präzision und Geltung übertroffen worden ist:

„Frauen, die in Paris Frauen waren, können nirgendwo sonst Frauen sein."

Mit den Pariser Blaustrümpfen hatte Montesquieu mehr Geduld als mancher andere, eben weil er sie ja nicht immer um sich hatte.

Im Salon der Madame du Châtelet versicherte ihm die Hausherrin, daß sie in ihrem Bildungsdrang die Nacht zum Tag mache, um Philosophen lesen zu können.

„Vorsicht, Teuerste", mahnte Montesquieu, „Sie können nicht schlafen, weil Sie Philosophie studieren wollen … Dabei wäre es das sicherste Einschlafmittel, wenn Sie die Philosophen lesen wollten!"

Der Kardinal de Rohan hatte nach einem langen Leben, das von mancherlei Genüssen erfüllt war, beträchtliche Angst vor dem Sterben und erwartete bang den Schlagfluß, den ihm die Ärzte prophezeit hatten. Eines Abends saß er mit einer Dame bei einem Brettspiel, sank plötzlich in seinen Sessel zurück und stöhnte:

„Jetzt ist das Ende da – meine ganze rechte Seite ist gelähmt."

„Das kann doch nicht sein, Eminenz!" rief die Dame.

„Doch … ich habe mich eben, gleichsam zur Kontrolle, in den Schenkel gekniffen, und ich habe nicht das geringste gespürt."

„Wenn es nur das ist, Eminenz, so kann ich Sie beruhigen", sagte die Dame erleichtert, „es war nämlich mein Schenkel …"

Die schönste Geschichte vom hohen Alter ist sehr bekannt geworden, aber sie darf hier nicht fehlen:

Die neunzigjährige Madame Grimaud sagte zutraulich zum alten Fontenelle:

„Nun, Monsieur, uns beide scheint der Tod vergessen zu haben …"

Fontenelle sieht sich um, legt den Finger auf die Lippen – und macht: „Psst! – *Chut!*"

(Er starb 1757, im hundertsten Lebensjahr.)

Als Josèphe Brillat-Savarin, die eine fast ebenso große Feinschmeckerin war wie ihr berühmter Bruder, mitten in einer Mahlzeit im Alter von immerhin achtundneunzig Jahren plötzlich merkte, daß der letzte Augenblick gekommen war, rief sie:

„Ich merke, daß das Ende naht ... Schnell, bringen Sie mir den Nachtisch!"

Das Ende war jedoch schneller da als das Dessert!

Ludwig XV. starb an der schlimmsten Seuche seiner Zeit, an den Pocken, und es war eine lange Agonie, der im Sterbezimmer und in Nebenräumen die Hofgesellschaft beiwohnte. Der Erzbischof von Paris und Sens, ein Herr von Beaumont, wartete auf die Gelegenheit, die Beichte abzunehmen, aber da der König wußte, daß er vorher die Dubarry aus Paris verbannen müsse, zauderte er, und es entstand eine peinliche Situation.

Da trat der Marschall von Richelieu, einer der berühmtesten Verführer seiner Epoche, auf Monsieur de Beaumont zu und sagte:

„Monseigneur, bitte drängen sie Seine Majestät nicht. Ich biete Ihnen an, inzwischen meine Beichte zu hören – und glauben Sie mir, es wird Sie mehr amüsieren!"

Ludwig XV., ein schöner Mann und auch zweifellos keiner der grausamen oder tyrannischen Monarchen, hatte die Kirche durch eine Vielzahl von Liebschaften erbost, unter denen die Erhebung einer Dirne zur Gräfin Dubarry und *Maîtresse en titre* die schlimmste gewesen war.

Die ewigen Konkurrenten der regierenden Bourbonen, das Haus Orléans, taten in den Sterbestunden Ludwigs darum alles, um es nicht zur Beichte und zur Absolution kommen zu lassen, denn wäre Ludwig in seinen Sünden gestorben, hätte diese Nebenlinie gute Chancen auf einen Staatsstreich gehabt (nicht zuletzt, weil der Thronfolger als beschränkt galt und Marie Antoinette unbeliebt war).

Antoine Watteau, Einschiffung nach Kythera, Ausschnitt aus der 2. Fassung.
Öl auf Leinwand, 1718. Berlin, Schloß Charlottenburg.

Jean-Honoré Fragonard, Die Schaukel.
Öl auf Leinwand, 1767. London, Wallace Collection.

Der Königspartei gelang es im letzten Augenblick, einen Landgeistlichen, den niemand kannte, ins Schloß von Versailles einzuschmuggeln und genau in dem Augenblick zu präsentieren, da Ludwig XV. bereit war, zu beichten.

Marie Antoinette, die sehr junge Erzherzogin, traf in Paris auf eine *Maîtresse en titre*, die man zwar, um ihr einen Namen zu geben, an einen ruinierten Grafen verheiratet hatte, die aber vorher Schlepperin in einem Spielsalon, also eine Nobeldirne, gewesen war. Es war demnach für Marie Antoinette undenkbar, an die Dubarry das Wort zu richten, und weder ihr Schwiegervater noch ihr Mann konnten dies erreichen.

Nach flehentlichen Briefen aus Wien und verschiedenen Interventionen des österreichischen Botschafters in Paris erfüllte Marie Antoinette ihrer an die große Politik denkenden Mutter endlich diesen Wunsch und sagte bei einem Empfang zur Dubarry ein paar Worte, die man auch als schlimme Unhöflichkeit verstehen kann – sie wandte sich an die Gräfin und erklärte mit erhobener Stimme:

„Heute sind aber wirklich eine Menge Leute hier."

Marie Antoinette, „die kleine Rothaarige", wie die Dubarry sie nannte, war nicht nur beim Volk von Paris wenig beliebt, sie wurde auch am Hof vielfach kritisiert, weil sie die Gesellschaft ihres Gatten nicht suchte, sondern sich auf Jagden vergnügte, an denen der kurzsichtige Thronfolger und spätere Ludwig XVI. nur selten teilnahm.

„*Mon Dieu*", sagte sie ungeduldig auf eine dieser Vorhaltungen, „ich teile eben nicht die Vorlieben meines Gatten für das Reparieren von Uhren und die Schmiedearbeiten. Er ist Vulkan, *bon*, aber wenn ich mich darum wie Venus betrüge, wäre es ihm gewiß noch weniger angenehm!“

Als der bedeutende Altphilologe André Tardieu als Lehrer ans Collège de France berufen werden sollte, erhoben einige der wohlbestallten Mediokritäten den Einwand, daß Tardieu keinen regelrechten Studiengang durchlaufen habe, und bestanden auf einer Prüfung, auf der dem genialen Autodidakten Fallen gestellt werden sollten.

Eine der Fragen lautete:

„Können Sie uns sagen, Monsieur, von welcher Farbe das Haar des großen Alexander war?“

„Grün, Messieurs“, antwortete Tardieu zur allgemeinen Verblüffung, „es handelte sich nämlich um den Lorbeer des Ruhmes.“

Buffon erwies einer herzoglichen Familie die Ehre, der kleinsten der Prinzessinnen eine Unterweisung in der Naturgeschichte zu geben, und das Mädchen brachte es tatsächlich fertig, den großen Gelehrten verlegen zu machen. Sie wollte nämlich unbedingt wissen, was denn nun der Unterschied sei zwischen den Stieren und den Ochsen.

„Heu ... princesse...“, sagte Buffon schließlich, „geruhen einen Blick hinauszuwerfen ... Ja? Da vor dem Fenster des Schlosses weiden Kälber ... Nun die Stiere sind die Väter dieser Kälber, und die Ochsen ... die Ochsen sind die Onkel!“

Buffons Naturgeschichte wurde von den gebildeten Ständen mit jener Selbstverständlichkeit gelesen wie bei uns hundert Jahre später Brehms Tierleben. In einer Pariser Bibliothek steht eine schöne alte Ausgabe der *Hi-*

stoire naturelle générale et particulière, in der man nachlesen kann, daß gewisse Affenarten es fertigbringen, ihren Weibchen bis zu siebzehnmal hintereinander beizuwohnen.

Und bei dieser Stelle ist mit einer zugleich großzügigen und graziösen weiblichen Handschrift an den Rand geschrieben:

„Da sieht man wieder, wie gut der Himmel es mit den kleinen Tieren meint.“

In den großen alten Familien kommt es bisweilen zu Herren und Damen von abgrundtiefer Häßlichkeit. Handelt es sich um einen Mann, so ist das Unglück nicht allzu groß, und ist dieser Mann ein Prince de Conti und verwandt mit dem Königshaus, dann findet er trotz äußerer Nachteile eine hübsche und geistvolle Frau.

Natürlich fürchtete er aber, daß sie ihn betrüge, und sagte ihr darum selbst bei kurzen Abwesenheiten vom Schloß:

„Madame, ich rechne fest damit, daß Sie dieses mein Fernsein nicht dazu verleitet, mich zu betrügen!“

„Seien Sie unbesorgt, *mon ami*“, antwortete die Fürstin, „dazu verleitet mich höchstens Ihre Gegenwart.“

Der wortgewaltige Abbé Maury war einer der heftigsten Verteidiger der Monarchie in Frankreich. Nach dem Sturz der Bourbonen fehlte es daher nicht an Extremisten, die den Abbé an die nächste Laterne zu hängen wünschten und ihm dies auch androhten.

„Glaubt ihr“, antwortete er solch einem Haufen, „daß ihr dann besser sehen würdet?“

Das kühne Wort verblüffte die Menge derart, daß man ihn entkommen ließ. Er emigrierte, wurde unter Napoleon Erzbischof von Paris und starb schließlich hochbetagt in Rom.

Selbst in der Französischen Revolution hatten die Abbés, ohne die sich das achtzehnte Jahrhundert schwer denken läßt, ihr Wort mitzureden. Emmanuel Sieyès, Abbé und Generalvikar von Chartres, war einer jener ideenreichen Feuerköpfe, die Anhänger und Gegner gleichermaßen in Rage brachten. Eines Tages trat ein Abbé namens Poulle bei ihm ein, zog wortlos zwei Taschenpistolen und feuerte sie auf Sieyès ab.

Der Getroffene sah, daß er nur leicht verwundet war, ließ den Attentätet ungehindert gehen, schärfte aber seinem Diener ein:

„Wenn der Abbé Poulle noch einmal kommen sollte, so sag ihm, ich sei nicht zu Hause!"

Sturm auf die Bastille am 14. 7. 1789. Stich von J. P. Laminit.

Graf Altamira und Danton verbrachten die letzte Gefängnisnacht vor Dantons Hinrichtung gemeinsam in langen Gesprächen.

„Wir kamen vom Hundertsten ins Tausendste", berichtete später der Graf. „Unter anderem beschäftigte es Danton, daß das Verbum *guillotiner* – guillotinieren vernünftigerweise nicht in alle Zeiten gesetzt werden kann. Man kann zwar sagen: ‚Man wird mich guillotinieren', aber wer kann schon sagen: ‚Ich wurde guillotiniert'?"

In seinem *Dictionnaire des idées reçues*, einer Arbeit, die erst lange nach seinem Tod veröffentlicht wurde, empfiehlt Gustave Flaubert jedem zum Tod Verurteilten, sich ein paar passende und möglichst geistvolle Worte zurechtzulegen, die er beim Besteigen der Plattform zu seiner Umgebung äußern könne (*s'arranger quand on y monte pour prononcer quelques mots éloquents avant de mourir*).

Obwohl in der Französischen Revolution die Köpfe rollten wie nie zuvor in Frankreich, gab es Theater, in denen man sich ungeniert über die neuen Tyrannen lustig machte. Eines davon war das *Vaudeville.* Wenn dort Schauspieler in Uniformen des *Ancien Régime* auftraten, gab es frenetischen Applaus. Ein Schauspieler namens Frédéric ging so weit, beim (angeordneten) Absingen der Marseillaise jedesmal, wenn die Zeile kam *tremblez, tyrans et vous, perfides* (zittert, Tyrannen, und ihr Nichtswürdigen), mit dem Finger deutlich auf die in der ersten Reihe sitzenden Regierungsvertreter zu zeigen, und die Hymne an die Freiheit wurde als Gesang der Schlächter bezeichnet (zwei Jahre nach den furchtbaren Metzeleien in den Pariser Gefängnissen).

Da die Revolutionsregierung nicht wagte, ein so beliebtes Theater wegen dieser Vorfälle zu schließen, wurde das Royalistennest schließlich von der Sittenpolizei ausgehoben. Ein Polizeikommissar namens Boissay, der schon vorher Freikarten für Patrioten verlangt hatte, um den Sprechchören der Royalisten zu begegnen, stellte in seinem Rapport fest: „Jeden Abend geschehen in den Gängen und Nebenräumen des Vaudeville die unglaublichsten Verstöße gegen die Sittlichkeit, und zwar durch schamlose Frauen und durch Männer, die sich dann nicht zurückzuhalten vermögen." – Welch feiner Unterschied!

Hinrichtung der Königin Marie Antoinette am 16. 10. 1793. Stich von Helman.

Eine der schönsten Geschichten aus den Anfängen der Französischen Revolution verdanken wir N. O. Scarpi. Er erzählt sie folgendermaßen:

Der Bischof von Nancy, Abgeordneter des Klerus bei den Generalständen, hatte die erste Sitzung mit einer Rede zu eröffnen. Er schloß sie mit den Worten:

„Gott, der du das französische Reich beschützest, erhöre die Wünsche der Geistlichkeit, die Bitten des Adels und das demütige Flehen des Dritten Standes!"

Als im Sommer 1792 die Tuilerien erstürmt wurden, wobei die tapferen Schweizergarden schwere Verluste hatten, gelang es dem Maurer Gacheux, sich auf den Königsthron zu setzen.

Nach diesem Erlebnis wieder in sein Quartier zurückgekehrt, mußte er natürlich erzählen, wie das gewesen sei.

„Leute", sagte er, „das war himmlisch weich, man saß herrlich. Man muß schon ein wirklicher Trottel sein, von solch einem Sessel wieder aufzustehen."

In der Französischen Revolution standen plötzlich die antiken Tugenden und Traditionen hoch im Kurs. Darüber machte sich ein Franzose lustig, der als einer unter Tausenden auf der Place de Grève enthauptet werden sollte.

Auf den Stufen zu der Tribüne mit der Guillotine stolperte er nämlich, hielt ein und sagte:

„Stolpern ist von übler Vorbedeutung. Ein Römer würde jetzt umkehren und nach Hause gehen!"

Die Anekdote lebt in Frankreich zu einem Gutteil von der Arroganz des alten Adels und seiner Salonroutine, über alles und jedes Bonmots zu fabrizieren.

Diese Herren und Damen hielten auch nicht an sich, als Napoleon, seit 1804 Kaiser der Franzosen, seine tapfersten Offiziere mit oft recht blumenreichen Adelsprädikaten versah. Jeder Eintretende, dessen brandneuen Namen der Zeremonienmeister mit Pomp ankündigte, wurde mit Gelächter begrüßt, bis es dem Korsen zuviel wurde:

„Daß Sie, meine Damen und Herren, in irgendeinem verstaubten heraldischen Lexikon verzeichnet sind“, rief er, „sollte Sie nicht blind machen für die Verdienste, die diesem neuen Adel das *cachet* geben. Man kann auch Geschichte machen, ehe man ein Wappen hat!“ *

* Eine sehr späte Bekundung des gleichen Snobismus zeigte sich überraschenderweise 1940, als Hitler nach dem Sieg in Frankreich eine Reihe neuer Feldmarschälle geschaffen hatte: Man mokierte sich in Frankreich über *les maréchaux dont on n'a jamais entendu les noms*, als ob bestimmte Familien das Schlachtenglück für alle Generationen gepachtet hätten.

Bei einem der Hofbälle der napoleonischen Zeit erschien ein Monsieur de Boissay in einem alten und längst schäbig gewordenen Anzug, der unter dem fünfzehnten Ludwig wohl noch präsentabel gewesen wäre.

„Den haben Sie wohl noch von Ihrem Großvater?“ fragte ihn leise und mißbilligend ein Freund.

„Allerdings. Aber wenn die hier Anwesenden das trügen, was ihre Großeltern auf dem Leib gehabt hatten, das wäre bestimmt ein ziemlich grotesker Aufzug.“

Am 8. Juni 1781 brannte die Pariser Oper nieder. Ganz so, als ahnte man, daß die Zeit der Feste zu Ende gehe, wurde ein Ersatz-Opernhaus mit der größten Eile aufgebaut. Nicolas Lenoir hatte sich verpflichtet, in 65 Tagen fertig zu sein. Ludwig XVI. hatte ihm in allen königlichen Forsten freie Wahl der Bäume gestattet, auf jeder Stufe der großen Eichentreppe lag ein

Louisdor, um die Arbeiter anzuspornen, und es wurde Tag und Nacht gearbeitet.

Am 27. Oktober, drei Tage vor der vereinbarten Frist, durfte das Publikum in das neue Theater, das zwanzig Jahre später dann den Namen *Théâtre de la Porte Saint-Martin* annahm. Es wurde in den Jahren nicht nur durch Aufführungen mit großem Apparat berühmt, sondern auch durch besondere Gäste und besondere Ereignisse. Die sogenannte *Loge infernale*, ein Salon im Hochparterre, war der Lieblingsaufenthalt des Grafen Mirabeau und sah manchen geheimen Zirkel am Vorabend und während der Revolution. Am 18. Januar 1810 hatte das erste Stück Premiere, in dem Napoleon auftrat, zu einer Zeit also, da er Kaiser und auf dem Höhepunkt seiner Macht war. Es hieß *Der Übergang über den Großen Sankt Bernhard*. Der Schauspieler Gobert war nicht nur ausgezeichnet in der Rolle des großen Korsen, er sah ihm auch verblüffend ähnlich, wovon sich Napoleon selbst überzeugte.

Der größte Schauspieler jedoch, den dieses Theater jemals gesehen hat, war sein Direktor Harel, der es 1830 gekauft hatte. Als bei ihm eines Tages der Gerichtsvollzieher erschien, wußte Harel ihm die Not des Theaters so deutlich zu machen, daß der brave Mann gerührt nach Hause ging, seine Ersparnisse holte und Direktor Harel – statt Schulden einzutreiben – noch 3000 Francs brachte, als persönliche Spende!

In seiner Abneigung gegen die Gesellschaft ging Napoleon mitunter so weit, die Waffe als das ehrlichste Mittel der Auseinandersetzung zu bezeichnen, gegen die perfiden Methoden der Höfe.

„Man kann einen Mann mit dem Säbel töten, man kann ihn mit der Pistole erschießen, und man kann ihn moralisch vernichten. Diese Art, sich seiner zu entledigen, ist die grausamste."

Als Charles Emmanuel Leclerc, General und Waffengefährte Napoleons, 1802 auf Haiti am gelben Fieber gestorben war, bereitete Pauline Bonaparte, seine Frau, nicht nur einen kostbaren Sarg vor, in dem der Leichnam beigesetzt werden sollte, sondern schnitt auch ihr prächtiges Haupthaar ab, um den Sarg damit auszulegen.

Napoleon, der genau wußte, wie schlecht diese Ehe zuletzt gewesen war, hatte für die dramatische Aktion nur Achselzucken.

„Offensichtlich hat ihr jemand klargemacht", sagte er, „daß ihr Haar nach dieser Radikalkur viel schöner und dichter nachwachsen wird!"

Als Pius VII. im Jahr 1804 nach Paris reiste, um Napoleon zum Kaiser zu krönen, war die Enthüllungsmode des Directoire auf ihrem Höhepunkt. Bei der abendlichen Monsterfestivität wetteiferten die Damen der alten Gesellschaft und der neuen Würdenträger von Napoleons Gnaden hinsichtlich der Dekolletés, und der Kaiser, der für diese Mode nicht viel übrig hatte, bat seinen hohen Gast in ein paar kurzen Worten um Entschuldigung.

„Machen Sie sich darum keine Gedanken, Majestät", beruhigte Pius VII. den Korsen, „bei einem Fest, dem Sie und ich beiwohnen, sind die Frauen doch zweifellos Nebensache.

Napoleon warf sich nicht selten zum Sittenrichter auf. So stellte er eines Tages auch die nicht mehr ganz junge Baronin von Fleury zur Rede:

„Man sagt mir, daß Sie noch immer viel Umgang mit Männern haben ...?"

Sie lächelte auf die liebenswürdigste Weise:

„Das stimmt, *Sire*, ...aber nur, wenn sie höflich sind!"

Napoleon Bonaparte.
Ölskizze von J. L. David, um 1797/98.
Paris, Musée National du Louvre.

Napoleon I. hatte ein echtes und persönliches Verhältnis zur klassischen Dichtung der Franzosen, was unter anderem ja sein berühmtes Erfurter Gespräch mit Goethe beweist. Von dem großen Dramatiker Corneille sagte Napoleon: „Wäre er noch am Leben, ich würde ihm einen Thron geben."

In den ersten Monaten der Französischen Revolution entschloß sich ein Domherr des Pariser Kapitels zur Auswanderung. Er war jedoch außerstande, alle Wertgegenstände mitzunehmen, und vertraute darum ein großes Kruzifix aus purem Gold dem Altwarenhändler Moise an, er sollte es für ihn aufbewahren.

Fünfundzwanzig Jahre später, nach der Schreckensherrschaft und den Napoleonischen Kriegen, kehrte der

Domherr zurück. Er suchte Moise auf und bat ihn, das Kruzifix herauszugeben. Moise stieg in seinen Keller hinab und kam mit einem hübschen Kruzifix aus purem Gold zurück, das jedoch so winzig klein war, daß man es am Hals tragen konnte.

„Du gibst mir da ein Kruzifix zurück, das nicht mir gehört", sagte der Domherr vorwurfsvoll. „Das meine war viel größer und wog mindestens seine vier Pfund!"

„Vier Pfund hat es gewogen vor fünfundzwanzig Jahren", seufzte Moise und rang die Hände, „aber wieso wollen sie das volle Gewicht nach so langer Zeit? Jesus fünfundzwanzig Jahre in der Wohnung eines Juden – da muß er doch kleiner werden, immer kleiner..."

Als Talleyrand schließlich Abschied vom Leben nehmen mußte, waren sowohl Napoleon als auch Ludwig XVIII. längst tot, und der Bürgerkönig Louis-Philippe stattete dem Sterbenden den letzten Besuch ab.

„Sire", stöhnte Talleyrand, „ich leide wie ein Verdammter."

„Schon jetzt?" fragte der sonst so gutmütige König.

Als Talleyrand starb, hinterließ er seiner Nichte und letzten Vertrauten, der Herzogin von Dino, die ungeheure Summe von zwölf Millionen Goldfrancs – und das nach einem Leben als Grandseigneur.

„Wo mag Talleyrand, der doch aus einer nicht sonderlich begüterten Familie stammte, dieses Riesenvermögen herbekommen haben?" erkundigte sich eine etwas weltfremde alte Dame beim Herzog von Morny.

„Das kann ich Ihnen schon sagen, Madame", antwortete der Staatsmann, ein Enkel des Vielgeschmähten, „mein Großvater hatte den Grundsatz, jene, die ihn gekauft hatten, seinerseits wieder zu verkaufen. Und dieser Handel warf eben sehr viel Gewinn ab."

Der große und ungemein magere Comte de Ferretti war nach der Restauration eine bekannte Erscheinung der Pariser Salons. Talleyrand, der noch im hohen Alter spottlustig war wie nur je, bezeichnete ihn einmal als den mutigsten Mann Frankreichs.

„Der Graf Ferretti? Warum denn gerade er, Eminenz?"

„Sehen Sie ihn sich doch an", antwortete Talleyrand, „würden Sie es wagen, sich auf solchen Beinen durch die Welt zu bewegen?"

Im Beisein von Ludwig XVIII. wurde Talleyrand, dem Chef der provisorischen Regierung nach Napoleons Thronverzicht, der Entwurf einer neuen Verfassung vorgelesen. Nach einer Weile unterbrach Talleyrand den Vorleser und sagte:

„Ich bitte um Vergebung, Majestät, aber ich bemerke eine Unterlassung."

„Und die wäre?"

„Die Besoldung der Deputierten ist nicht festgelegt."

„Die Abgeordneten sollten doch ihre Ämter umsonst versehen, gleichsam ehrenamtlich!"

„Umsonst und ehrenamtlich?" rief Talleyrand mit gutgespieltem Entsetzen, „das, Majestät, käme uns alle viel zu teuer!"

Marguerite Brunet, genannt Mademoiselle Montansier, lebte von 1730 bis 1820, was an sich schon bemerkenswert ist, wenn man bedenkt, daß sie die Protektion der Marie Antoinette hatte und die Revolutionäre niemanden mehr haßten als diese Königin. Auch Napoleon hatte ein Faible für die alternde Montansier, verzieh ihr, daß ihre Operntruppe keinen Erfolg hatte, und unterstützte sie mit großen Summen, als er schon selbst in den größten Schwierigkeiten steckte.

Ihr erstes eigenes Theater lag an einer Ecke des Palais-Royal, jenes einzigartigen Geviertes im Herzen von Paris, wo die Familie Orléans so ziemlich alles erlaubt hatte, was Geld brachte, von den Spielhöllen bis zu den Nobeldirnen. Zählebig wie die alte Mademoiselle selbst, die sich noch mit 78 Jahren einem jungen Seiltänzer vermählt hatte, feierte das Theater 1831, nach einer zweiten Revolution, eine abenteuerliche Auferstehung: Da man nur eine Renovierungs-, aber keine Baugenehmigung hatte, mußten Mauern heimlich neu aufgerichtet und das Theater auf schwindelerregende Weise mit Eisentraversen abgestützt werden, ehe es eröffnet werden konnte. Und da die drei berühmtesten Bordellmütter von Paris auf ihrem angestammten Abonnement bestanden, das ihnen gestattete, ihre hübschen Nymphen auf der Galerie auszustellen, war die Eröffnung des erneuerten Hauses das große Diskussionsthema der Pariser Zeitungen.

Direktor Dormeuil machte das Beste daraus und nannte das Eröffnungsspektakel vom 4. Juni 1831: *Sie werden nicht eröffnen.*

Alexander von Humboldt verbrachte, von den Altersjahren abgesehen, sein Leben auf Forschungsreisen und in Paris, wo auch seine französisch geschriebenen großen Reisewerke gedruckt wurden. Liebkind in allen Salons, trat er einmal bei der Herzogin von Duras kräftig ins Fettnäpfchen. Die als Schriftstellerin bekannte Dame *(Ourika)* wollte nämlich ihre Tocher an den Marquis de Custine verheiraten, man sprach in größerer Gesellschaft darüber, und Humboldt erwähnte, daß er in der Lage sei, aus einem Schriftstück den Charakter des Schreibers zweifelsfrei zu erkennen.

„Nun, dann wollen wir doch gleich die Probe aufs Exempel machen“, sagte die Herzogin, von der man zu ihrer Ehre annehmen darf, daß sie sich über Custine nicht ganz im klaren war, und sie reichte Humboldt einen Brief des künftigen Schwiegersohns, natürlich ohne Namensnennung.

Humboldt legte mit deutscher Gründlichkeit los, entdeckte sichere Anzeichen für Verschlagenheit, Intrigantentum, Berechnung und sogar kriminelle Instinkte und ließ sich auch durch die entsetzte Herzogin nicht unterbrechen (das gelang übrigens nicht einmal dem König von Preußen).

Die Herzogin glaubte Humboldt so weit, daß das Heiratsprojekt in die Brüche ging; Custine heiratete ein Fräulein von Courtomer, das an seiner Seite alles erlebte, was Humboldt der Prinzessin Duras erspart hatte.

Wie manche Tochter eines bedeutenden Vaters hatte Germaine de Staël-Holstein ein zu männliches, nicht sonderlich schönes Gesicht. Aber sie hatte feste, hochangesetzte Brüste, schöne volle Schultern und runde Arme, weswegen sie in Gesellschaft die gewagtesten Dekolletés riskierte.

Von einer Dame darauf angesprochen, verteidigte sie sich mit dem klassisch gewordenen Satz:

„Was wollen Sie, meine Liebe? Man muß sein Gesicht überall dort zeigen, wo man es hat“ (*Il faut bien montrer son visage partout où on l'a*).

Pierre Jean de Béranger, der erste von Frankreichs großen Chansonniers, erzählt in seiner Autobiographie die Geschichte seiner Aufnahme in die Runde des *Caveau*, womit sein Aufstieg begann.

Sein Vater, ein Royalist, hatte die Familie zugrunde gerichtet, aber Lucien Bonaparte zahlte dem begabten Jüngling eine kleine Rente, so daß Béranger nicht völlig mittellos war, als der Theatermann Désaugiers ihn einlud, doch einmal im *Caveau* ein paar Lieder vorzutragen. Es wurde ein großer Erfolg, Béranger mußte – ein Glas Champagner in der Linken, ein Biscuit in der Rechten – vor der Tür warten, und dann erklärte man ihm, er sei einstimmig aufgenommen worden.

Nun hatte er Freunde und Berater, erstmals wurden seine Chansons gedruckt, die Frankreich in den Jahren 1813/15 einen gewissen Trost bedeuteten. Béranger lehnte alle Ehren ab, die Aufnahme in die Akademie, die hohen Posten, und bestimmte für sein Begräbnis, daß ein Armen-Leichenwagen gemietet werden sollte. Paris freilich beerdigte ihn im Sommer 1857 mit den Ehren eines Marschalls von Frankreich. (Seine Wohnung lag in Nr. 5 der heute nach ihm benannten Straße im 3. Arrondissement).

Komplimente sind Glückssache. Als Musterbeispiel des ungeschickten Kompliments gilt in Frankreich jene Anekdote, die einen gnädigerweise nicht genannten Schönredner auf einem Sofa zwischen Madame Récamier und der Baronin de Staël zeigt.

„Da sitze ich nun also", sagte der Salonlöwe, „mitten zwischen Geist und Schönheit."

„Bemerkenswert", antwortete Frau von Staël, „für schön hat man mich wirklich noch nie gehalten."

Diese Version entspricht so sehr dem trockenen und oft etwas brüsken Humor der Frau von Staël, daß wir sie für die authentische halten möchten, zudem enthält sie ein sehr feines Kompliment der Staël an die schöne Récamier, die von ihrem Geist nur eben nicht soviel reden machte wie die große Pamphletistin.

Die Anekdote ist jedoch auch mit einer zweiten Replik im Umlauf. Die Staël oder die Récamier soll geantwortet haben:

„Und besitze selbst weder das eine noch das andere", was wiederum zu direkt für eine damenhafte Konversation wäre.

François Boucher, Diana nach der Jagd (Ausschnitt).
Öl auf Leinwand, 1745. Paris, Musée Cognacq-Jay.

Elisabeth Vigée-Lebrun, Königin Marie-Antoinette.
Öl auf Leinwand, um 1783. Sammlung Prinz von Hessen.

II

UNTERWEGS ZUR BELLE EPOQUE
1815–1914

Als die Bourbonen nach den Hundert Tagen nach Frankreich zurückkehrten, empfand Ludwig XVIII. das Bedürfnis, sich für gewisse neue Entwicklungen in der Wissenschaft zu interessieren, und ließ einen Chemiker kommen, der ihm einiges erklären sollte.

Der Gelehrte, hochgeehrt, begann einen eindrucksvollen Versuch aufzubauen und sagte, als er fertig war: „Und nun, Majestät, werden diese beiden Flüssigkeiten die Ehre haben, sich vor dem Antlitz Eurer Majestät zu vereinigen."

Ludwig XVIII. war hartleibig und litt sehr an der Gicht. Da er es sehr schwer hatte, sich nach dem fortschrittlichen und intelligenten Regime Napoleons seinem Volk zu empfehlen, ließ er, um populär zu werden, tägliche Bulletins über sein Befinden und seinen Stuhlgang in alle Richtungen telegrafieren – mit den auf weithin sichtbaren Anhöhen schon von Napoleon errichteten Winker-Telegraphen (Semaphoren).

Da dieses Verfahren sehr umständlich war, mußte doch jeder Buchstabe durch bestimmte Zeigerstellungen übermittelt werden, blockierte die Meldung über den morgendlichen, glücklich erfolgten Stuhlgang des achtzehnten Ludwig eine Meldung aus der Gegenrichtung, aus Antibes. Sie lautete: „Bonaparte, aus Elba kommend, soeben in Antibes gelandet."

Der Mai 1820 war wunderschön, aber Balzac konnte nicht froh werden: Eine Autorität vom Collège de France hatte über Balzacs Cromwell-Tragödie geäußert, der Autor solle im Leben machen, was er wolle, nur um Gottes willen keine Zeile mehr schreiben.

Düster gestimmt betrat Balzac ein Journalistencafé in der Rue du Croissant, lernte dort den Trivialautor Le Poitevin d'Egreville kennen, lud ihn, ohne Geld zu haben, zum Essen ein und sah sich somit plötzlich genötigt, für den neuen Freund einen Fortsetzungsroman zu schreiben. Niemand in der Runde nahm an, daß man den kurzbeinigen Jüngling jemals wiedersehen werde, aber schon tags darauf, genauer gesagt am Abend, brachte Balzac ein taugliches Manuskript, das zwar kein Meisterwerk war, aber die überquellende Phantasie des Autors verriet.

Der Schauerroman *Die Erbin von Birague*, in dem Balzac, weil es sehr schnell gehen mußte, seine ganze Familie verwurstete, wuchs auf vier Bände und verkaufte sich wie warme Semmeln. Der Übergang vom Theater zum Roman war vollzogen ...!

Balzacs erste Pariser Liebschaft begann mit einem Blumentopf. Als seine Eltern aufs Land zogen, weil man dort billiger lebte, nahm er sich eine winzige Mansardenwohnung in der Rue Lesdiguères Nr. 9, und als er sich zum erstenmal aus dem Fenster beugte, um seine neue Umgebung zu erkunden, entdeckte er im zweiten Stockwerk eine Blondine mit erfreulich runden Armen und einem Kanarienvogel am Fenster. Um von der Schönen mehr zu erspähen, beugte Honoré sich weiter hinaus, und ein halbverdorrter Blumenstock sauste samt Topf in die Tiefe, haarscharf an dem Blondschopf vorbei.

Das Mädchen blickte wutentbrannt nach oben und schimpfte, Balzac stotterte Entschuldigungen, die Bekanntschaft war geschlossen. Und nach einem zweiten Beinahe-Unfall entschied man sich dafür, lieber gemeinsam spazierenzugehen ...

Balzac hat die Stadt Paris geliebt, durchwandert und immer wieder geschildert wie nach ihm nur noch ein anderer der Zugereisten, nämlich Georges Simenon, und es ist ungerecht, daß es zwar ein Buch gibt *Le Paris de Simenon,* aber kein Buch über das Paris, wie Balzac es kannte.

„Wissen Sie, warum Paris eine ständige Quelle der Inspiration für mich ist?" gestand Balzac seinem Verleger. „Weil sich in dieser Stadt täglich hundert Leidenschaften und mehr erheben, sichtbar werden. Und weil sich durch diese Leidenschaften die Gegensätze finden: Das Laster lötet in Paris den Reichen an den Armen, die Großen an die Kleinen.

In der Luft, aber auch in den geringsten Kleinigkeiten von Paris liegt ein Geist, den man atmet und der sich folglich in literarische Schöpfung umsetzt. Eine halbe Stunde in Paris lehrt uns mehr als ein Jahr in der Provinz."

Und dann das Bekenntnis mit einer Begeisterung, in der doch auch Resignation schwingt:

„Paris ist ein Ozean, und seine Tiefe vermag man nicht zu ergründen. Welche Mühe man auch daran wenden mag, wie groß auch die Zahl der Tiefseeforscher sei, immer wieder wird man jungfräulichen Boden finden, eine verborgene Höhle, Blumen, Ungeheuer, etwas Unerhörtes oder Vergessenes."

Weniger bekannt als Balzacs Kaffeekult ist, daß er auch auf erlesene Tees besonderen Wert legte. Er trank ausschließlich Karawanentee, den ihm der französische Botschafter in Peking auf dem Weg über Moskau zukommen ließ, vermischte ihn aber gelegentlich mit exotischen Schwarzteesorten, wenn ein Paket des Barons Alexander von Humboldt eintraf.

Einmal wurde eine solche Tee-Karawane von kirgisischen Straßenräubern überfallen, der Tee hatte erst nach einem blutigen Gefecht Moskau erreicht.

„Wenn man sich von diesem Tee dreimal einschenkt", behauptete Balzac, „wird man einäugig. Trinkt man ihn sechsmal hintereinander, so wird man blind."

„Und wie halten Sie es selbst?“ fragte der Gast.

„Ich? *Mon Dieu,* ich riskiere hin und wieder ein Auge!“

Im Jahr 1829 zog Balzac in die Rue Cassini, wo seine Schwester für ihn eine im ersten Stock gelegene Drei-Zimmer-Wohnung gemietet hatte (heute Nr. 4). Das große Arbeitszimmer war höchst einfach möbliert; außer kostbar gebundenen Büchern und einem lederbezogenen Voltaire-Sessel enthielt es als auffälligsten Schmuck eine halbmeterhohe Gipsstatuette von Napoleon I.

Auf den Degen des Korsen hatte Balzac einen Zettel geklebt, auf dem sein Credo zu lesen stand: „Was er mit dem Degen nicht vollenden konnte, ich werde es mit der Feder vollenden!“

Von Balzac ist bekannt, daß er einen leidenschaftlichen Hang zum Adel und zu den Schlössern hatte, von denen sein wahrer Vater, der ihm freilich nicht seinen Namen gegeben hatte, ja tatsächlich eines besaß.

„Wären Sie denn wirklich um so vieles glücklicher, wenn Sie aus einer der großen Familien stammten?“ fragte ihn eine Leserin.

„Glücklicher? Das weiß ich nicht“, antwortete Balzac, „Aber auf jeden Fall müßte ich sehr viel weniger schreiben!“

Frankreich ist wohl das einzige Land, in dem es ein eigenes Lexikon des falschen oder scheinbaren Adels gibt *(Noblesse d'apparence).* Nicht viel besser als diese Familien, die aus einem Ortspartikel (de Nemours) einen Adelsrang gemacht haben, kommen die Spätgeadelten weg, also jene, die durch Napoleon oder nach der Rückkehr der Bourbonen ihren Adelstitel erhielten. Dabei hatte der dicke und von Kongestionen geplagte achtzehnte Ludwig durchaus Verständnis für die Sehnsucht mancher Untertanen nach dem *de:* Als ihm das Gesuch eines Herrn Genou (d.h. Knie) unterbreitet wurde, sagte er zu seinem Kanzler: „Geben Sie ihm am besten zwei davon, sonst hinkt er.“ Aus Herrn Knie wurde Monsieur de Genoude.

Eines Tages stand in einer Pariser Zeitung die Geschichte von jener Frau eines Gendarmen aus Tours, die in ihrer Begeisterung für einen Pfarrer dessen Predigten in Versform gegossen hatte. Honoré de Balzac, in Tours geboren, rannte mit dem Blatt zu seiner Schwester und rief:

„Da siehst du es, Laura, wir hätten nie nach Paris ziehen sollen. Solche Geschichten kann ich hier nicht erfinden, und zu Hause, da passieren sie!“

Charles Baudelaire hat uns überliefert, wie Balzac seine Schulden zu bezahlen pflegte. Die Methode mag er oft abgewandelt haben, im Prinzip aber erwies sie sich sein Leben lang als tauglich:

Hatte er eine sehr drängende, eng terminisierte Schuld, zum Beispiel einen Wechsel über 1200 Francs, so ging er in die Rue de Richelieu, wo der Verleger wohnte, der die Zeitschrift *Le Siècle* und eine Tageszeitung herausgab, und versprach ihm zwei Feuilletons über ein beliebtes Thema, etwa, wie der Franzose sich selber sieht (wer läse das nicht gerne von einem Balzac). Hatte der Verleger ihm dafür fünfzehnhundert Francs vorausbezahlt, so suchte er einen seiner getreuen Neger auf, einer wohnte in der Rue Navarin, der andere trieb sich stets in den Cafés herum, und bestellte bei jedem ein Feuilleton zum genannten Thema, Honorar 150 Francs.

Honoré de Balzac

Tags darauf hatte der Verleger seine Artikel zu einem gängigen Thema, der Wechsel war eingelöst, die beiden Neger hatten wieder ein wenig verdient, und alle Welt war zufrieden.

Bis zum Erfolg seines Romans *La femme de trente ans*, nach dem die weiblichen Leser ihm ihre Herzen zuwandten, fristete Balzac sein Leben von einem Wechsel zum anderen, und da er Wucherzinsen bezahlen mußte, nötigten ihn seine Schuldenberge zu immer neuen, gigantischen Leistungen und Projekten.

Bisweilen schien dies alles über ihm zusammenzubrechen, schien er den Glauben an seine Zukunft zu verlieren. In solch einem Augenblick sagte er zu seiner Schwester:

„Man verbringt die zweite Hälfte des Lebens damit, daß man wieder abmäht, was man in seinem Herzen in der ersten emporwachsen ließ; das nennt man dann: Lebenserfahrung erwerben!“

Eines Tages, als Balzac alle Möbel, Bilder und Wandteppiche gepfändet worden waren, beschloß er erbittert, künftig auf solchen Schmuck seines Heims zu verzichten. Er ließ sich von seinem Verleger die großen Papiere schicken, in die Bücher verpackt wurden, befestigte sie an den Wänden seiner Zimmer und schrieb in dicken Lettern darauf: ‚Rosenholz-Paneel mit Kommode' oder ‚Niederländischer Gobelin mit venezianischem Spiegel' und brachte diese Papierbahnen an den Wänden an. Auf dem Ehrenplatz über dem Kamin, den zu beheizen es ihm meistens an Brennholz fehlte, prangte ein Papier mit den Worten: ‚Gemälde von Raffael.'

Bekannt, aber vermutlich auch wahr ist die Geschichte von dem Einschleichdieb, der nächtlicherweile an Balzacs Schreibtisch Lade um Lade öffnete, um Geld oder Geldeswert zu finden.

Balzac, durch die Geräusche geweckt, trat hinter den Mann und sagte freundlich:

„Und Sie glauben tatsächlich, hier im Finstern ein paar Münzen zu finden, wo ich am hellichten Tag und beim besten Willen keine finden konnte?"

Der berühmteste Schauspieler des Théâtre du Palais-Royal war der legendäre Hyacinthe, der eigentlich Duflost hieß. Als Dormeuil ihn engagieren wollte (womit schon damals Pensionsansprüche verbunden waren), wurde ihm allgemein abgeraten, nur Honoré de Balzac erschien mit einigem Pomp im Theater, fragte: „Sie wollen Hyacinthe verpflichten? Dann ist Ihr Glück gemacht!"

Es zeigte sich, daß Balzac den besseren Blick gehabt hatte als die Direktoren-Kollegen Dormeuils. Hyacinthe bekam eine Menge zu tun, denn es gab an dem klei-

Jean-Baptiste Regnault, Tod der Kleopatra.
Öl auf Leinwand, 1796/97. Düsseldorf, Kunstmuseum.

Jean August Dominique Ingres,
Das türkische Bad.
Öl auf Leinwand, 1862.
Paris,
Musée National du Louvre.

Pierre-Paul Prud'hon, Psyche wird von den Winden entführt.
Öl auf Leinwand. Paris, Musée National du Louvre.

nen Theater insgesamt nur 26 Schauspieler (im Théâtre de la Gaité z.B. waren es zu Offenbachs Zeiten an die 400), und er wurde durch seine Erscheinung, die lange Nase, die riesigen Füße, den breitkrempigen Hut ein Begriff für Paris. Auch seine Lebensweise trug dazu bei, holte er sich doch schon am Morgen von den Markthallen ganze Säcke Gemüse und Kartoffeln, von denen er dann vegetarisch lebte.

Es gab nur eine Verwendung, die ihm noch mehr Spaß machte als die Schauspielerei: seine Tätigkeit in der Nationalgarde in unruhigen Zeiten. Er überstand sie alle, den Krieg 1870/71 mit der Belagerung von Paris, die Kommune, die Niederwerfung der Communards. Die Hauptschwierigkeit, der er begegnete, war stets gewesen, für seine Riesenfüße passende Schuhe zu finden ...

Um die Mitte des vorigen Jahrhunderts gab es in Paris einen gescheiterten Musikverleger, der hieß Charles Grou. Er hatte kein Geld mehr, aber er hatte eine Möglichkeit gefunden, stets mit Geld zu tun zu haben: Er wurde der Kassier am Théâtre de la Gaité. Und er konnte sich keine Freundinnen mehr leisten, aber er bekam mehr Küsse als so mancher Pariser Don Juan, denn an Zahltagen hatte er stets kleine Sträußchen mit Veilchen auf seinem Schreibtisch und überreichte jeder Darstellerin ihr Lohnkuvert mit dieser kleinen Aufmerksamkeit, wofür ihn die Chormädchen und Tänzerinnen, die Elevinnen und das ganze übliche weibliche Personal jedesmal mit einem Küßchen dankten.

In jeder Theaterstadt gibt es Männer oder Frauen, die mit ihrer Bühne leben und sterben, die schon als Kinder auf den Brettern stehen und erst als Greise abdanken. Solch eine Legende ist zu Offenbachs Zeiten Baudu-Jeune gewesen. Als er neunundzwanzig wurde, überraschte ihn das Ensemble mit einer riesigen Feier: Dreißig Jahre Gaité.

„Wieso?" fragte Baudu perplex, „so alt bin ich doch noch gar nicht!"

„So alt nicht", antwortete man ihm, „aber so lange an unserem Theater. Hast du Baudu Senior vergessen? Der spielte doch auch hier".

Baudu war unentbehrlich. Da er praktisch im Theater lebte, kannte er alle Rollen auswendig, konnte bei jedem Ausfall einspringen und brauchte als Souffleur kein Textbuch. Als man von den Sprechstücken zu den Operetten überging, begann er, Gesangspartien zu studieren, und alles zitterte vor dem Tag, da eine der Sängerinnen ausfallen würde – man war sicher, Baudu würde sich verkleiden und singen!

(Es versteht sich, daß er eine Schauspielerin dieses Theaters heiratete: die süße Mademoiselle Mette, und daß später auch die Kinder der beiden Theater spielten.)

Louis-Marie-Henri Thomas, der sich auf der Bühne Lafontaine nannte, war ein sehr erfolgreicher und verwendbarer Schauspieler, hatte große Rollen am *Gymnase* und wurde frühzeitig von der *Comédie Française* umworben, für die er sich jedoch als zu jung empfand.

Es fügte sich, daß er häufig mit einer Mademoiselle Victoria zusammen spielen mußte (auch das zweifellos ein Bühnenname), und als er seine ersten Väterrollen bekam, spielte jenes entzückende Geschöpf immer wieder seine Tochter, so daß die Kollegenschar ihren Augen nicht traute, als sie den Anschlag las, auf dem die beiden ihre Verlobung bekanntgaben.

Irgendwie haftete den beiden aber die Vater-Tochter-Beziehung doch so störend an, daß sie schließlich das Theater wechselten. Ihr Vertrag als *Sociétaires de la Comédie Française* datiert vom 20. Oktober 1863, die höchste Ehre, die Paris an Schauspieler vergeben kann.

Zu Offenbachs Zeiten gab es in Paris ein großes Kleiderhaus, *La Belle Jardinière,* das mit dem Slogan warb, jeden Kaufgegenstand zurückzunehmen, der nicht gefalle.

Christian, der Jupiter in der En-suite-Aufführung von *Orpheus in der Unterwelt,* produzierte an manchen Abenden bis zu siebzig Extemporés meist auf Kosten seiner Gemahlin, der Juno. Eines davon lautete (im nicht wiederzugebenden hochtrabenden Bühnenfranzösisch, dessen Konjunktivformen niemand mehr verwendet):

„*Madame, ma femme* ... Sie würden verdienen, daß ich mich Ihrer entledigte *(que je me débarassasse),* ja daß ich Sie in die *Belle Jardinière* zurückschickte!"

„Aber warum, o mein Gemahl?"

„Weil man dort das Geld zurückerhält, wenn einem etwas nicht gefällt!"

„Aber ich habe Euch doch keinen Sou gekostet!"

„Das hätte gerade noch gefehlt!"

Mit René Luguet begann nicht nur die lange Reihe der vielen Luguets im europäischen Theaterbetrieb, er gestattet uns auch, einer der schönsten und ältesten Theateranekdoten auf den Grund zu gehen, die seither den verschiedensten Schauspielern zugeschrieben wurde.

René war nach zwei anderen Theatern am Palais-Royal gelandet, einer seiner Brüder leitete das Französische Theater in Berlin, ein zweiter das in Sankt Petersburg. In einem historischen Stück sollte einem französischen König eine Depesche überbracht werden, doch hatte der Requisiteur irrtümlich ein leeres weißes Blatt bereitgelegt, was erst auf der Bühne bemerkt wurde. Da man sich immer auf den Text aus der Requisitenkammer verlassen und ihn also nicht gelernt hatte, trat ein peinliches Schweigen ein, als Seine Majestät das leere Blatt in der Hand hielt.

Schnell gefaßt und auf Luguets Routine hoffend, überreichte der König seinem Paladin das Blatt mit der herrischen Aufforderung:

„Lese er vor!"

Luguets Blick fiel auf das leere Blatt, er richtete sich auf und antwortete:

„Ich bitte untertänigst um Entschuldigung, Majestät, aber als Kind anständiger, leider aber blutarmer Eltern habe ich nie das Lesen erlernt."

Julia Baron, die am Théâtre de la Porte Saint-Martin debütiert hatte, war zu ihrer Zeit eine der hübschesten Schauspielerinnen von Paris und so angenehm gepolstert, wie die große Doche dünn war. Als Offenbach sich die berühmte Mademoiselle Schneider an seine Bühne holte, ersetzte sie diesen Star mit Glück und Charme im Palais-Royal und machte eine Reihe von Couplets in Paris sehr bekannt.

Ihre Abenteuer hatten alle etwas Harmloses, ja sie wirkten wie kleine Mißgeschicke: zu ihrem reichsten Liebhaber kam Julia, als sie in Bad Homburg alles, aber auch alles beim Roulette verspielt hatte und nicht einmal mehr die Eisenbahnkarte nach Paris kaufen konnte. Ihr Retter, ein Goldaufkäufer und Wechselstubenbesitzer, brachte sie nicht nur nach Paris, sondern richtete ihr dort auch eine Wohnung mit sehr hübschen Möbeln ein und kaufte ihr bald darauf das ganze Haus.

Länger mußte ein anderer Verehrer warten, ein Engländer, der Abend für Abend in der Vorstellung saß, ihr Geschenke machte und endlich die Frage wagte, wann sie ihn denn erhören würde.

Sie war damals in den *Folies Dramatiques*, man spielte *L'œil crevé* (etwa: Das blaue Auge), und es sah nicht so aus, als würde es ein großer Erfolg. Also riskierte sie's, ihm zu sagen: „Bei der Hundertsten bin ich die Ihre."

Das Stück brachte es auf über dreihundert Aufführrungen, und bei jedem Jubiläum erschien der reiche Engländer und bestand auf der Einhaltung ihrer Zusage …

Der größte Erfolg der Brüder Cogniard als Direktoren des Theaters an der Porte Saint-Martin war eine Revue mit dem Titel *1841 und 1941*, die 1841 in Szene ging und die Pariser auf die Beine brachte. Alle wollten wissen, wie es in Paris hundert Jahre später aussehen würde. Hätten sie wirklich einen Blick in dieses schwere Jahr der Besetzung ihrer Stadt, der Kälte und der Hungersnot tun können, sie hätten den Brüdern Cogniard nicht soviel Geld in die Kassen getragen.

Da man im Theater an der Porte Saint-Martin mit den großzügigen Inszenierungen, Beleuchtungseffekten und Wasserspielen stets besonderen Erfolg gehabt hatte, bereitete Direktor Marc-Fournier für 1855 einen großen Bilderreigen mit dem Thema *Paris* vor. Alle Tableaux gefielen, nur gegen eines hatte die Zensur Bedenken: Gegen die Darstellung der Bartholomäusnacht, jener in Wahrheit drei Nächte, in denen in Paris drei- bis viertausend Hugenotten getötet worden waren.

„Das Bild selbst, der Louvre, die Seine, das alles ist wunderschön“, gab der Zensor zu, „aber von Ihrem Text kann ich kein Wort durchlassen!“

Der Autor war am Ende seiner Nervenkraft und wollte das Stück zurückziehen, Marc-Fournier aber wußte Rat: Am Premierenabend gab es eine Bartholomäusnacht von bedrückender Stimmungsdichte. Im Mondlicht erschien Karl IX. totenbleich auf einem Balkon des Louvre, unter ihm trieben im schwarzen Wasser der Seine die Kadaver der Ermordeten, und Katharina von Medici fiel, als sie dies alles auf den Balkon tretend erblickte, mit einem lauten Schrei in Ohnmacht. Vom Dialog war kein Wort gesprochen worden!

Georgette Olivier entsprach dem Idealbild der Pariser Soubrette, spielte aber auch die jungen Bäuerinnen mit hinreißendem Temperament. Die einfallslosen Revuen des heute vergessenen Direktors Blum lebten von ihrem Talent und ihrem Charme, und das wußten natürlich auch die Kritiker.

„Der arme Blum", sagte einer der Theaterkolumnisten eines Tages zu ihr, „der ist Ihnen doch ergeben wie ein Blindenhund seinem Herrn!"

„Das ist schon möglich", antwortete Georgette, „sicher aber ist, daß ich die Leine längst durchgeschnitten habe!"

An der Pariser Opéra Comique gab es in den dreißiger Jahren des vorigen Jahrhunderts einen Schauspieler und Sänger namens Fargueil, den man eigentlich nur beschäftigte, weil er eine kleine Tochter hatte, die hinter den Kulissen das Entzücken des ganzen Ensembles war.

Das charmante Kind mit seiner glockenhellen Stimme erhielt die beste Ausbildung, zwei Bühnen machten sie einander streitig und schließlich unterzeichnete der Direktor der Opéra Comique einen Vertrag, noch ehe Anaïs Fargueil das Konservatorium verlassen hatte. Wie groß war aber die Enttäuschung, als sich herausstellte, daß die zu frühe Inanspruchnahme, vielleicht auch eine unvorsichtige Ausbildung, der immer noch angenehmen Stimme jede Kraft genommen hatte. Direktor Crosnier raufte sich die Haare, aber der Kontrakt war da, und die zum Glück außerordentlich hübsche Anaïs debütierte am 28. Februar 1835 in *La Marquise,* einer der kleinen Opern von Adolphe Adam.

Es wurde ein großer Erfolg gerade durch die Zartheit der Stimme, die etwas Rührendes hatte, und weil die hübsche junge Schauspielerin das achtzehnte Jahrhundert auf die reizendste Weise verkörpert hatte, so, als sei sie aus einem Gemälde von Watteau gesprungen.

Der Bürgerkönig
Louis Philippe

Ein Jahr, nachdem Frankreichs Bürgerkönig Louis-Philippe den Thron bestiegen hatte (1830), wagte Direktor Langlois vom *Vaudeville* die Vorbereitung eines Stückes über das tatsächlich dramatische Schicksal des Marschalls Ney, Herzogs von Elchingen, Fürsten von der Moskwa.

Das Stück wurde überall angekündigt und weckte stärkstes Interesse, die Generalprobe ging vorüber, ohne daß die Behörden Einspruch erhoben hätten, erst am Tag der Aufführung verbot der Polizeipräfekt ohne jede gesetzliche Grundlage das Stück.

Die wütende Kundgebung der Menge vor dem Theater halfen Langlois nichts, auch ein zweiter Aufführungsversuch schlug fehl, und das einzige, was Langlois tun konnte, war, das Stück zu drucken, mit einem bitteren Exzerpt aus der neuen Verfassung, dem Satz: „Die Wiedereinführung der Zensur ist ausgeschlossen."

Langlois, der in das Theater ca. 1,1 Millionen Goldfrancs steckte, lebte im Alter von einer untergeordneten Beschäftigung am *Vaudeville* und starb völlig ruiniert.

Der Südfranzose Alphonse Daudet weilte, als er berühmt geworden war, naturgemäß häufiger in Paris und mußte sich von seinem Verleger gutmütig hänseln lassen, weil die Pariser Frauen für die Provinzler doch meist ein Buch mit sieben Siegeln seien.

„Das kann ich eigentlich nicht finden", antwortete der Dichter aus der legendären Mühle, „gewisse Grundregeln hatte ich bereits entdeckt. Es gibt Pariserinnen, die schmelzen in einem Kuß dahin, zwickt man sie aber in den Popo, so kriegt man eine Ohrfeige. Und dann gibt es wieder eine andere Gruppe, die ist durch Küsse nicht zu erobern, erliegt aber dem ersten Griff unter die Röcke. Das Problem besteht lediglich darin, zu erkennen, mit welcher Spezies man gerade konfrontiert ist."

Jacques-Benjamin-Maximilien Bins, Comte de Saint-Victor, war vor seiner Freiburger Zeit Journalist in Paris und mit der schönen Desclée befreundet, einer Schauspielerin vom Théâtre de Gymnase, deren Frigidität bekannt war.

Nach der Blauen Stunde bei ihr zu einem Essen im *Journal des Débats* eingeladen, stellte er fest, daß es nur ein kaltes Buffet gebe, und wandte sich wieder zum Gehen, als der Chefredakteur ihn entdeckte und nach dem Grund seines Mißvergnügens fragte:

„Nehmen Sie mir's nicht übel, Monsieur", antwortete der Graf, „aber Kalte Platte – müssen Sie wissen –, die hatte ich gerade!"

Auch die Pariser Gesellschaft hatte natürlich ihre Schnorrer, und einer der beliebtesten, weil meist sehr unterhaltsam, war ein Herr von vagen künstlerischen Ambitionen, der Pouthier hieß. Indessen unterschied er sich von seinem Wiener Pendant Peter Altenberg nicht nur dadurch, daß seine Geistesprodukte kaum je gedruckt wurden, er weigerte sich auch, zu trinken, wenn er bei Tisch nicht zufrieden gewesen war.

Sein Tischnachbar forderte ihn gutmütig auf, doch wenigstens dem guten Wein zuzusprechen, aber Pouthier hatte seine Prinzipien:

„Wenn ich trinke, mein Lieber, werde ich amüsant – und das haben die Leute für ein so schlechtes Essen denn doch nicht verdient!"

Pouthier geriet bei einer Gesellschaft neben Edmond de Rothschild, und der Bankier, der ihn vielleicht nicht erkannte, war den ganzen Abend über die Liebenswürdigkeit in Person, bis es Pouthier nicht mehr aushielt und er, von Ungewißheit geplagt, fragte:

„Monsieur de Rothschild, Sie sind so reizend zu mir ... könnte es sein, daß Sie mich anpumpen wollen?"

Paris ist viel diskreter, als man gemeinhin annimmt. Es schweigt von den lustigen Witwen, und es bietet dem lustigen Witwer eine Menge Zerstreuung.

Ein alter Bonvivant der Bühne, der es mit der ehelichen Treue nicht genau nahm, erregte den Unwillen eines Kollegen, und dieser sagte zu dem Kritiker Aurélien Scholl:

„Ich mag X. nicht, er ist ein schlechter Gatte!"

„Lassen Sie ihn doch", bat Scholl, „er wird ein um so besserer Witwer sein!"

Ehe der Schriftsteller Emile Bergerat um die Hand von Théophile Gautiers Tochter anhielt, vertraute er dem Schwiegervater in spe das an, was er für die große Schande seines Lebens hielt:

„Sie müssen wissen, Monsieur, ... meine Mutter lebt mit einem Priester!"

„Beruhigen Sie sich, mein Lieber", antwortete Gautier, „ich zumindest kann mir keinen respektableren Umgang denken!"

La Paiva, Jüdin aus Weißrußland, machte in Paris eine große Karriere als Lebedame, ruinierte einen portugiesischen Grafen und erboste ihre neuen Landsleute, weil sie als Gräfin Henckel-Donnersmarck für die einziehenden preußischen Truppen ihr Haus beflaggte.

Als der Sturm vorüber war und ihr Salon wieder seine Pforten öffnete, fragte sie der berühmte und gefürchtete Kritiker Arsène Houssaye:

„Nun gehört Ihr Herz also wieder Frankreich, Madame ... Wir lieben Sie, und diese Liebe hat Sie Französisch gelehrt!"

„Umgekehrt, *mon cher*", antwortete die Paiva, „es war das laszive Französisch, das mich die Liebe lehrte!"

Das Palais, das der Architekt Mangin an den Champs-Elysées für die Paiva baute, kostete drei Millionen Goldfrancs, nicht zuletzt wegen einiger prachtvoller Deckenfresken, die in mythologischer Verbrämung auch die im Leben etwas klein geratene Paiva zeigten – in der vollen Pracht ihrer Nacktheit.

„Und ist Ihnen das nicht peinlich, Madame?" erkundigte sich der Graf de Vieil-Castel, einer ihrer unversöhnlichen Gegner.

„Keineswegs, *mon cher Comte*", antwortete sie, „nun müssen selbst die größten Männer den Blick zu mir erheben!"

Der (spätere) Herzog von Persigny war der treueste Kampfgefährte des dritten Napoleon und wurde bald nach dem Staatsstreich, dessen Regie er geführt hatte, Innenminister mit großen Vollmachten. Intelligent, aber ungebildet, wollte er die gesamte Verwaltung mitten in Paris konzentrieren und zu diesem Zweck den Louvre von allen Kunstschätzen räumen lassen.

In einer Gesellschaft, der auch der preußische Gesandte, ferner Nieuwerkerke, der Direktor des Louvre, und andere hohe Persönlichkeiten beiwohnten, gab er diesen Entschluß bekannt, den insbesondere Nieuwerkerke als einen provokativen Scherz auffaßte.

„Aber nein, Monsieur", sagte Persigny, „es ist mein voller Ernst. Das neue imperiale Frankreich hat große Aufgaben vor sich, und der Verkauf aller Kunstwerke würde doch mindestens zwanzig Millionen Goldfrancs erbringen!"

Nieuwerkerke wurde leichenblaß:

„Wenn Sie das befehlen, Exzellenz", sagte er ruhig, „dann werde ich Sie töten!"

Jérôme Bonaparte, Bruder Napoleons I. und von seinen Gnaden einst König von Westfalen, erhielt von Napoleon III. eine Rente von 300 000 Francs, versuchte aber trotzdem, Reisespesen und andere kleine Ausgaben zusätzlich zu erhalten. Als der Kaiser dies begreiflicherweise ablehnte, sagte Jerôme böse:

„Sie haben auch wirklich gar nichts vom großen Napoleon!"

„Doch!" antwortete der Neffe, „seine Familie ..."

Zweifellos kein Genie wie sein großer Onkel, hatte Napoleon III. doch einen beweglichen Geist, viel Interesse für Geschichte und bestach vor allem durch seine Manieren. Als er Kaiser geworden war, begab er sich einmal an die Küste, an den Ort seines Landungsversuches von 1840, und ließ sich die Überlebenden jener Wachtruppe vorstellen, die ihn damals verhaftet hatte.

Napoleon III.

Es waren noch drei, die stammelnd und zitternd nun mit schweren Strafen rechneten, aber Napoleon III. ließ jedem fünfhundert Francs überreichen: Sie hätten nur ihre Pflicht getan.

Als es klar wurde, daß Napoleon III. Eugénie de Montijo heiraten werde, Tochter und Enkelin von Damen etwas ungewissen Rufes, fielen an der Pariser Börse die Aktien um zwanzig Punkte, und der Faubourg Saint-Germain (wo die alten Familien ihre Stadtpaläste hatten) geriet in Aufruhr.

Der Politiker Thiers, später Präsident der Französischen Republik, behielt die Ruhe, er sagte zu dem Ereignis:

„Vor Leuten, die nur benebelt sind, brauchen wir keine Angst zu haben; aber man muß den Augenblick fürchten, wo sie vollkommen betrunken sind."

Als Dupin, früherer Präsident der Nationalversammlung, von der Wahl erfuhr, die Napoleon III. getroffen hatte, sagte er mit der Resignation des Politikers im Ruhestand:

„Man kümmert sich ja heute wenig um das, was ich sage oder denke, und man tut vielleicht gut daran. Aber der Kaiser tut noch besser daran, diejenige zu heiraten, die ihm gefällt, und sich nicht irgendeine skrofulöse deutsche Prinzessin zuschieben zu lassen, mit Füßen so groß wie die meinigen. Wenn der Kaiser seine Frau küßt, so wird er es in diesem Fall wenigstens zu seinem Vergnügen tun und nicht aus Pflichtgefühl!"

Im Zweiten Kaiserreich machte die folgende wahre Geschichte viel von sich reden: Eine Dame der Gesellschaft hatte einen Geliebten, den sie im (damaligen) Vorort Passy traf. Da sie die eigene Kutsche wegen des Wappens nicht benützen konnte, nahm sie eine Lohndroschke auf und ließ den Kutscher warten. Dieser aber schlich ihr nach und erspähte in dem Haus genug, um sie erpressen zu können: Er verlangte für sein Schweigen zehntausend Francs (zehn Jahresgehälter eines Beamten).

Die Dame sagte zunächst nichts, ließ sich jedoch zum Polizeipräfekten fahren und hieß den Kutscher abermals warten. Dieser war seiner Sache so sicher, daß er in den Hof der Präfektur eingefahren war und sich dort die Füße vertrat, während sie sich oben dem Präfekten eröffnete, ihren Namen nannte, ihre Liebschaft bekannte und den Polizeipräfekten bei seiner Ehre packte, indem sie ihn als eine Art Beichtvater für Tout-Paris bezeichnete.

Der erpresserische Kutscher wurde sogleich verhaftet und, als man ihn wieder freiließ, mit der Verschickung in die Kolonien bedroht für den Fall, daß er auch nur ein Wort von der Affäre verraten würde.

Der große Napoleon hatte eine Menge Ärger mit seinen Schwestern und Brüdern, aber es blieb ihm wenigstens erspart, die Nachkommen dieser allzu schnell Hochgekommenen und ihren ungehemmten korsischen Appetit auf Geld und Abenteuer kennenzulernen.

Lucien Bonaparte, Napoleons begabtester Bruder, hatte nie eine andere Würde als die eines Fürsten von Canino und allerdings auch eine hohe Apanage angenommen. Sein Sohn Carlo spielte in den Wirren der Jahre 1848 und 1849 eine düstere Rolle und war der Auftraggeber mindestens eines politischen Mordes. Als er, ein Vetter Napoleons III., in Paris auftauchte, weil ihm der Boden in Italien zu heiß geworden war, begegnete er bei einer Abendgesellschaft dem General Baraguay d'Hilliers, der für Frankreich in Italien gekämpft hatte.

„Sie haben Glück, Prinz, daß wir einander in Paris begegnen", sagte der General vor fünfzig Gästen, „denn hätte ich Sie in Rom angetroffen, ich hätte Sie niedergeschossen wie einen Hund!"

Achille Fould, aus der mächtigen jüdischen Finanzdynastie der Fould-Oppenheim, war zwischen 1849 und 1867 wiederholt Finanz- und Staatsminister und nach dem Kaiser der einflußreichste Mann. Er griff, um seine Freundinnen zufriedenzustellen, selbst in die Besetzungsfragen kleiner Theater ein.

Wegen der sehr hübschen Demoiselle Sapia machte er einen ihrer Brüder zum Chef seiner Rechnungsabteilung, ihr anderer Bruder jedoch war Soldat und als solcher ein Mann von Ehre. Als Fould ihm ein Offizierspatent ausfertigen lassen wollte, lehnte der junge Mann mit den Worten ab:

„Die Gründe, die meinen Bruder zum Abteilungschef aufsteigen ließen, haben mich nicht interessiert. Sollte ich nun aber auf die gleiche Weise Offizier werden, dann wäre diese Würde nichts mehr wert."

Als der Graf von Vieil-Castel, Kustos der Pariser Museen, an seinem einundfünfzigsten Geburtstag zum Ritter der Ehrenlegion erhoben werden sollte, strich ihn Minister Fould von der Liste, und Napoleon III., an diesem Tag nicht sonderlich wachen Geistes, verteidigte sich mit der Bemerkung:

„*Voyons,* Foulds Liste war voll, aber Vieil-Castel war eben nicht dabei."

Der solchermaßen übergangene Graf notierte zähneknirschend in sein Tagebuch:

„Dekoriert, dekoriert, ihr Herren Minister! Ihr könnt jemand zum Ritter der Ehrenlegion machen, aber zum Ehrenmann – niemals!"

Achille Fould wollte die Kaiserzeit an der Pariser Musikakademie volltönend beginnen und erbat von Rossini gegen ein sehr gutes Honorar eine Oper. Der große Komponist antwortete jedoch, er komponiere schon lange keine Opern mehr. Mit der Zähigkeit des großen Finanzmannes schrieb Fould ein zweitesmal und bat um eine Festmusik, etwa einen Marsch.

Rossini, dieser Hartnäckigkeit müde, bekannte, daß ihm tatsächlich ein Marsch eingefallen sei, es wäre eine Paraphrase über das bekannte Lied *Marlborough s'en va t'en guerre.*

Marlborough allerdings war jener britische Feldherr, der im Verein mit dem Prinzen Eugen Frankreichs Großmacht zerschlug, noch ehe der Sonnenkönig die Augen geschlossen hatte. Fould verzichtete ...

Der anhaltende Erfolg und die unleugbare Frivolität von Offenbachs Operette *Orpheus in der Unterwelt* rief die Pariser Kritik auf den Plan. Einer behauptete, die Musik sei nur äußerlich französisch, im Grunde sei das ganze eine sehr deutsche Angelegenheit (eine Anspielung auf Offenbachs Herkunft, die uns alle Ehre macht).

Ein anderer aber fuhr schwereres Geschütz auf und sagte zu Offenbach in einer Gesellschaft:

„Eigentlich ist der Grundeinfall so primitiv wie das Ei des Kolumbus – jeder konnte ihn haben!“

Offenbach nickte beifällig.

„Durchaus richtig, Monsieur. Nur brauchte Christoph Kolumbus zu seinem Ei keine Musik.“

In den *Bouffes parisiens* hatte Offenbach im ersten Stock, rechts von der Bühne, ein originelles Büro; grüner Samt dominierte, ein Klavier stand darin, an den Wänden Stiche von Mailand und Venedig und im übrigen – lauter Tapetentüren. Varney, Offenbachs Nachfolger, registrierte verblüfft, daß alle diese Ausgänge irgendwie ins Freie führten.

„Sonst hätten sie doch keinen Sinn, *mon cher*“, erklärte Offenbach, „du wirst schon sehen: Für jeden Theaterdirektor kommt der Augenblick, wo er sich seinen Gläubigern durch eine Hintertüre entziehen muß!“

Das Prunkstück in Offenbachs Büro war ein Lehnstuhl in jenem Stil, den man früher gotisch nannte; der Komponist hatte ihn bei einem Antiquitätenhändler gefunden und liebte ihn sehr. Als Varney die *Bouffes parisiens* übernahm, bestand er darauf, daß dieses schöne Stück im Büro zurückbleibe: Er wollte in Offenbachs Sessel sitzen!

Offenbach verzichtete und schied, Varney ließ sich mit Pomp in dem Fauteuil nieder, dann aber kam die Enttäuschung: Ungleich dicker als der schmächtige Offenbach, konnte Varney sich zwar mit Mühe zwischen die Lehnen pressen, aber ohne Hilfe nicht mehr aufstehen. Der Fauteuil reiste Offenbach nach ...

Jacques Offenbach. Zeichnung von E. Carjat.

Eines Tages widerfuhr es Offenbach, daß er von einem Mann verfolgt wurde, der kein Gläubiger war, sondern einfach ein Schnorrer. Er lief die langen Champs-Elysées hinter Offenbach her, zerrte ihn am Ärmel, redete auf ihn ein, bis der solchermaßen Bedrängte alle seine Taschen durchwühlte, aber nicht einmal Münzen fand, geschweige denn etwas anderes.

„Ich kann Ihnen nur eines geben“, sagte Offenbach erschöpft, „eine Melodie, die mir während der Verfolgungsjagd eingefallen ist.“

Und er warf ein paar Zeilen auf das Notenpapier, das er stets bei sich trug, schrieb darüber den Titel *La Polka du Mendiant* (Bettlerpolka) und enteilte.

Eine Woche später traf er mit seinem Musikverleger zusammen. Der berichtete von jenem Bettler, daß er mit den paar Motivzeilen erschienen sei und für die Verlagsrechte im Inland, im Ausland, als Zehn-Centimes-Notenblatt und für das Privileg, das Blatt in den Theatern zu verkaufen, insgesamt 1000 Francs kassiert habe.

„*Etonnant*“, sagte Offenbach, „wirklich erstaunlich. Ein Mann von solchem Geschäftssinn – und geht betteln!“

Das Theater an der Porte Saint-Martin mit seinen Gala-Aufführungen, die in gewissem Sinn die heutigen *Folies Bergère* vorwegnahmen, war eine jener Pariser Bühnen, für die sich Napoleon III. persönlich interessierte, und Direktor Marc-Fournier nützte dies auch aus, wenn es darauf ankam. Als ein Stück, von dessen Erfolg er überzeugt war, der Zensur nicht gefiel, spielte der Direktor es über Mittelsmänner dem Kaiser zu. Napoleon III. schrieb nur zwei Worte auf das Spielbuch: *Très beau* – sehr schön, und das Stück war gerettet.

An einem anderen Stück sollte der Kaiser, zumindest nach der Überzeugung der Pariser, denen die Direktion wohlweislich nicht widersprach, selbst entscheidend mitgearbeitet haben. Es hieß *Die Kartenlegerin* und deutete damit auf Napoleons geheime Vorliebe hin, sich wahrsagen zu lassen; außerdem war ein bekannter Skandal des Augenblicks in die Handlung verwoben.

Als der ungeheure Erfolg des Stückes dem Kaiser selbst peinlich wurde, beschloß er, etwas zu tun, um seine Autorschaft vor aller Welt zu leugnen: Er ließ den Theaterdirektor kommen und sagte ihm:

„*La Tireuse de Cartes* ist ja ein ganz gutes Stück, aber wäre ich sein Autor, ich würde den ganzen fünften Akt weglassen."

Welchem Wunsch Marc-Fournier natürlich entsprach.

Offenbach hatte zwei treue Helfer, der eine hieß Etienne Tréfeu und war in seltsamer Mischung Dramatiker und Verwaltungsgenie, welche Begabung er auch auf die Zigarren ausdehnte, die Offenbach in einem feinen Kistchen verwahrte: Wehe dem Besucher, der hier seine Hand hineingetaucht hätte.

Der andere aber war Albert Vizentini, ein hochbegabter Musiker, den Offenbach in London als Dirigenten erlebt und sogleich engagiert hatte. Die Verehrung Vizentinis für seinen Herrn und Meister kannte keine Grenzen; er fühlte sich als Mädchen für alles, er soll eines Tages sogar Offenbachs Schuhe geputzt haben, als dieser an einem Schlechtwettertag mit Kotspritzern ins Theater kam. Vizentini hatte seinen großen Tag, als die Zensur bei einer Generalprobe die Röcke der hübschen Damen auf der Bühne als zu kurz befand. Er legte den Taktstock nieder, eskaladierte wie ein Artist aus dem Orchestergraben auf die Bühne und hinter die Kulissen, schleppte die Costumière an und repetierte so lange eine Parlandobegleitung mit dem Orchester, bis die hurtige Kostümdame jenen Zentimeter herausgelassen hatte, der dem Zensor gefehlt hatte.

Jeder, der die Hingabe Vizentinis für Offenbach kannte, sagte von ihm: Das einzige, was er dem Chef nicht abnehmen kann, ist der Rheumatismus.

Prosper Mérimée, der Autor so berühmter Novellen wie *Carmen* oder *Colomba*, war auch ein sehr attraktiver Mann. Kaiserin Eugénie erbat ihn sich sofort nach der Hochzeit als Sekretär, was ihr Gatte wohlweislich ablehnte, und seine Amouren bereicherten die *chronique scandaleuse* des Zweiten Kaiserreichs um kostbare Facetten. Über sein Verhältnis zu George Sand befragt, der man ja eine ganze Reihe interessanter Liebhaber nachsagte, blieb Mérimée auffällig reserviert:

„George Sand“, sagte er, „ist wie viele sehr kluge Frauen eine ausgesprochen kalte Natur. Ihr Hang zur Ausschweifung entspringt lediglich intellektueller Neugierde, sonst hätte sie sich doch niemals mit so schmierigen Erscheinungen wie Gustave Planche (dem Literaturkritiker von der *Revue des Deux Mondes*) eingelassen.“

Wenn es jemanden gab, der am Hof des dritten Napoleon, in Paris wie in Compiègne, alles durfte, dann war es Mérimée. Unvergessen ist das Diktat, das er, der große Schriftsteller, dem Kaiser und anderen Persönlichkeiten zumutete. Es ist eine Geschichte, die so manchen versöhnen kann, der mit der französischen Rechtschreibung Schwierigkeiten hat.

Mérimée improvisierte einen Text mit einigen Tükken, den er der illustren Gesellschaft diktierte. Anschließend sammelte er die Blätter ein und verkündete dann das Urteil:

Napoleon III. selbst hatte 45 Fehler. Die Kaiserin, immerhin eine gebürtige Spanierin, deren 62. Die Fürstin Pauline Metternich-Sandor, Gemahlin des österreichischen Botschafters: 42. Schriftstellerkollege Alexandre Dumas: 24. Der Journalist Octave Feuillet 19. Das beste Französisch schrieb Richard Fürst von Metternich, Sohn des großen Staatskanzlers, mit nur drei Fehlern.

Eines Tages waren die oft recht unanständigen Geschichten Mérimées irgendeiner hochgestellten Dame allzu deutlich gewesen, und Eugénie hatte dem

Freund angedeutet, er möge sich jetzt besser zurückziehen.

„Und was war dann?“ wollte man wissen, als Mérimée den Vorfall erzählte.

„Dann, als ich fort war?“ sagte Mérimée nonchalant, „... dann sind sie alle miteinander an Langeweile gestorben.“

Mérimée, von dem Guy Breton wörtlich sagt, *„il déploya une immense activité dans le lit des plus jolies femmes de son temps“*, und von dem behauptet wird, daß allein seine Erlebnisse mit den Jungballetteusen der Pariser Oper ein dickes Buch füllen könnten, hatte bei alldem auch noch Zeit und Lust und Einfälle für eine großangelegte Täuschung des Pariser Publikums.

Angeregt durch den Erfolg der *Carmen*, setzte er eines Tages Gerüchte in Umlauf, daß eine hübsche spanische Schauspielerin, die einige galante Stücke geschrieben habe, auf der Flucht vor der Kirche Cádiz verlassen und in England Zuflucht gesucht habe. Sie trug den Namen Clara Gazul, und das Bändchen ihrer Dramen wurde sogleich ein großer Erfolg im Pariser Buchhandel. Das Vorwort war von einem gewissen Joseph l'Estrange, was eigentlich nur heißt: der Fremde, und das beigegebene Porträt einer jungen Frau mit der Carmen-Mantilla stellte niemand anderen dar als Mérimée in Frauenkleidern.

Mérimée war mit seinem Täuschungsmanöver – den angeblich spanischen Stücken und den Erfolgen einer gar nicht existierenden Schauspielerin – erst zufrieden, als ein spanischer Angeber jedem, der es hören wollte, erklärte:

„Die Übersetzung der Stücke ist nicht schlecht, trotzdem: Sie sollten unbedingt das Original lesen!“

Jérôme, Bonapartes Sohn aus der Ehe mit Katharina von Württemberg, war als Prince Napoléon, kurz Plon-Plon genannt, eine bekannte Erscheinung der Pariser Gesellschaft, aber weder mutig noch charaktervoll, sondern eben ein junger Lebemann.

Als sein Vater im Sterben lag, war er achtunddreißig Jahre alt und wollte einen letzten Versuch unternehmen, sich Jérôme, dem er sehr viel Ärger bereitet hatte, beliebt zu machen, aber Doktor Rayer verwehrte ihm den Zutritt:

„Es hat keinen Sinn, Prinz, er würde Sie ohnedies nicht mehr erkennen!"

Plon-Plon ließ sich jedoch nicht abhalten und trat an das Bett des Sterbenden.

Jérôme schlug mühsam die Augen auf:

„Bist du es, mein tapferer Junge?" fragte er schwach.

„Sie sehen", sagte der Arzt, „er hat Sie nicht erkannt!"

Napoleons III. Beschützerrolle für den Papst machte ihn zur Hauptzielscheibe italienischer Terroristen. Der folgenreichste Anschlag wurde, nach Warnungen aus Holland und Belgien, im Januar 1858 verübt, als Attentäter dem kaiserlichen Wagen vor der Pariser Oper Bomben unter die Räder warfen. An der Vorderfront der Oper gingen alle Glasscheiben zu Bruch, es gab sechs Tote und 95 Verwundete, Napoleon III. und Eugénie aber wurden nur ganz leicht verletzt.

Im Palais des Prinzen Plon-Plon gab man an jenem Abend die Komödie *Mit dem Schrecken davongekommen* von Alfred de Vigny.

Das letzte und zäheste Hindernis auf dem Weg zu einem geeinigten Königreich Italien waren die ausgedehnten, quer über die Halbinsel reichenden Länder des Kirchenstaates. Garibaldi hätte sie längst erobert, hätten die Truppen des dritten Napoleon nicht den Besitz des Papstes immer wieder geschützt, und das riskante Engagement in Mittelitalien bildete natürlich ein Dauerthema der Pariser Politik.

Als die Königin von Holland, eine Calvinistin, in Paris weilte, sagte sie zu dem Politiker und Historiker Thiers:

„Aber gerade Sie werden doch gewiß nicht leugnen, daß das ganze Papsttum eine höchst üble Sache ist!"

„Gewiß, Majestät", gab Thiers zu, „der ganze Kirchenstaat ist geradezu vergiftet, darum ist noch jeder, der sich ein Stück davon genommen hat, daran zugrunde gegangen!"

Die Fremden in Frankreich hatten eine gewisse Mühe, sich auf die freizügige Moral des Deuxième Empire einzustellen; vor allem Russen (die damals sehr oft in den Westen reisten) reagierten auf eheliche Zwischenfälle sehr heimatlich. So überraschte es niemanden, als Graf Stroganoff, mit einer deutschen Prinzessin verheiratet, in einem französischen Hotel einen Friseur bei ihr fand, in einer eindeutigen Situation. Der Graf, ein kräftiger Mann, trug den Ehebrecher am Kragen auf den Balkon und warf ihn in die Tiefe, wobei sich der Ärmste das Genick brach.

Es war für die französischen Behörden nicht ganz einfach, den Vorfall zu vertuschen und als einen Unfall hinzustellen. Marie von X. tat ihr möglichstes, diese Version zu stützen: Ganz Paris war Zeuge ihrer zärtlichen Liebe, als sie nach diesem Vorfall die ersten Pariser Gesellschaften besuchte, nur der Polizeipräfekt war unzufrieden:

„Hätte die Dame nicht gerade einen Friseur erkoren, sondern einen Grafen, wovon wirklich genug zur Verfügung stehen, dann hätten wir ein schönes Duell gehabt und ich nicht soviel Mühe!"

Während der große Napoleon gegen die schleierleichten Roben des Directoire und die generösen Dekolletés der Empire-Mode gewettert hatte, stellte Napoleon III., wie einst König Kandaules, nicht nur die Schönheit Eugénies, sondern auch die Reize seiner Mätressen neidlos zur Schau.

Beim Ball des 17. Februar 1857 im Ministerium des Auswärtigen trug die *maîtresse en titre*, damals die Gräfin Castiglione, ein Kostüm mit dem Motto ‚Herzdame', von dem ein Augenzeuge berichtet:

„Man konnte eigentlich gar nicht mehr sagen, daß sie dekolletiert war: man konnte nur die Nacktheit ihres Busens attestieren, den ein Zephirschleier höchst unzulänglich verhüllte, und die Partien, die der Schleier völlig im Stich ließ, erstreckten sich bis in die untersten Regionen."

Geschützt durch die Maske, sagte ein Herr zu ihr:

„Ich erkenne sie jetzt, die beiden hochmütigen Rebellen gegen jeden Zwang; geben Sie acht, teuerste Gräfin, gleich werden den Männern die Gewänder lästig werden!"

Eines Nachts, als der Kaiser gegen drei Uhr die Castiglione verließ, in einer unauffälligen Kutsche und ohne Eskorte, stürzten drei Männer auf den Wagen zu; es war eines der zahllosen Attentate. Der Kutscher brachte geistesgegenwärtig die Pferde dazu, sich zu bäumen und auszuschlagen, was den Kaiser rettete. Wenige Stunden später machte Maréchal Magnan, für die Sicherheit Napoleons III. verantwortlich, dem Kaiser ob seiner Unvorsichtigkeiten ernsthafte Vorhaltungen.

„Ich wünsche nicht, unter Kuratel gestellt zu werden", antwortete der an seiner nächtlichen Freizügigkeit interessierte Kaiser. „Ich will frei bleiben und nach Belieben handeln. Sehen Sie zu, wie Sie damit zurechtkommen, Monsieur Magnan!"

Jean Auguste Dominique Ingres, Mademoiselle Caroline Riviere (Ausschnitt).
Öl auf Leinwand, 1805. Paris, Musée National du Louvre.

Pierre Paul Prud'hon, Bildnis der Kaiserin Josephine. Öl auf Leinwand, um 1805. Paris, Musée National du Louvre.

Zu den Besonderheiten der französischen Literatur gehört das Auftreten von Brüderpaaren mit gemeinsam verfaßten Werken. Während die sehr erfolgreichen Erzähler Jean und Jérôme Tharaud bei uns weitgehend unbekannt blieben, sind Edmond und Jules de Goncourt auch aus unserem Frankreichbild nicht wegzudenken. Sie beherrschten die Kulturkritik im Paris des Zweiten Kaiserreichs und werden mit ihrem Standardwerk über die Frau im achtzehnten Jahrhundert bis heute gelesen.

Als ein deutscher Diplomat die Frauenkenner bei einem Empfang bat, doch ein Resümee ihres Buches zu geben, sagte Edmond mißgelaunt, aber deutlich:

„Die Frau, Monsieur, ist ein höchst seltsames Geschöpf. Sie ist ein religiöses Tier und obendrein stockbürgerlich!“

Seit 1815 eroberte sich die Gasbeleuchtung in Paris einen Straßenzug nach dem anderen, und in der zweiten Jahrhunderthälfte kamen schließlich auch jene Straßen an die Reihe, in denen bis dahin gnädiges Dunkel allzu tiefe Einblicke in das Milieu verhindert hatte.

Die Goncourts wagten als erste, die Folgen dieser Veränderung zu diskutieren und schrieben:

„Bisher hatten wir eine Prostitution, wie sie sein soll: ambulant, dahintrippelnd und von unseren Blicken nur gestreift. Heute besitzt Paris eine Prostitution, die sich breitmacht, die im grellen Gaslicht in den Terrassencafés an den Boulevards sitzt, dem Publikum frech begegnet und mit den Kellnern in den weißen Schürzen bemerkenswert vertraut ist – das allzu helle Paris als Folge des Fortschritts.“

Eine der bekanntesten Erscheinungen der Pariser Belle Epoque war der Comte d'Osmoy, und da er sehr reich war, sah man ihm sogar seine oft nachlässige

Kleidung nach. Als man eines Nachmittags im Café wiederum nicht übersehen konnte, daß er zwar Schuhe, aber keine Socken trage, entschuldigte ihn Edmond de Goncourt mit den Worten:

„Sie müssen wissen, Mesdames et Messieurs, der Graf d'Osmoy ist unter meinen Bekannten jener, der die meisten Schlösser besitzt – aber die wenigsten Socken!"

Edmond de Goncourt, der seinen Bruder um ein Vierteljahrhundert überlebte, wurde im hohen Alter gefragt, warum er überhaupt Schriftsteller geworden sei, beide Brüder seien doch gleichsam von Geburt an finanziell völlig unabhängig gewesen.

„Ja sehen Sie", antwortete Edmond, „es war ein einziger großer Irrtum. Es ist eine meiner deutlichsten Kindheitserinnerungen, aus einem sehr guten Restaurant. Ich saß auf dem Schoß meiner Mutter, und unweit von uns saß ein gutgekleideter Herr an einem kleinen Tisch, eine Flasche Champagner vor sich und ein Tintenfaß, und der schrieb unablässig. Seither war ich überzeugt, daß ein Schriftsteller ein Mann sei, der viel reise, sich überall die besten Restaurants leiste und zu seiner Arbeit nichts anderes als Champagner trinke."

Edmond de Goncourt reiste sehr ungern, aber er liebte die Umgebung von Paris mit ihren kleinen Wasserläufen, den vielen Schlössern und Parks. Eine Aufzeichnung aus dem Jahr 1894 mutet uns heute prophetisch an:

„In diesem Park, wo unter jedem Ast, der über das Wasser hinauswächst, früher eine Forelle stand, sieht man heute keine mehr, und der ganze einst fischreiche Bach ist wie ausgestorben. Und so wie hier ist es überall: Die Industrie ist im Begriff, alles umzubringen, was der Planet Erde an Nahrhaftem für uns bereithält."

Mario Praz hat in seinem berühmten Buch über die Schwarze Romantik auf Jules Janin hingewiesen, Journalist beim *Figaro* und genialer Parodist des französischen Schauerromans. Als Janin 1874 starb und in der normannischen Stadt Évreux begraben wurde, sagte Edmond de Goncourt, der seinem Sarg folgte, zu seinem Nachbarn:

„Ein furchtbares Schicksal für eine so pariserische Erscheinung – in der Provinz auf den Jüngsten Tag warten zu müssen!"

Paul Armand Silvestre, ein angesehener Lyriker, begann mit siebenundvierzig Jahren pornographische Erzählungen zu schreiben und nannte sie *Contes Pantagruéliques*. Als er – ein hoher Beamter – dennoch für eine Auszeichnung eingegeben wurde, stellten die Brüder Goncourt die rhetorische Frage, welche Behörde Silvestre wohl den Orden verleihen werde: Das Kultusministerium oder die Magistratsabteilung für die Abwässer von Paris.

Vor der Dreyfus-Affäre, die ihn mit seinem Freund Coppée entzweite, wurde Zola oft wegen der erotischen Stellen in seinen Romanen angegriffen.

„Sie machen das falsch, *mon ami*", sagte François Coppée, „die Erotik hilft jeder Erzählung, sofern man sie dem Leser in homöopathischen Dosen verabreicht. Sie aber gießen davon stets ganze Eimer über dem Leser aus."

Flauberts berühmtester Roman, *Madame Bovary*, wurde nach fünfjähriger Arbeit 1856 in Paris vollendet und gleich darauf in einer Zeitschrift vorabgedruckt. Wenig bekannt ist, daß Flauberts Freund Louis Bouilhet

Gustave Flaubert

stärksten Einfluß auf diesen großen Roman genommen hatte, allerdings, ohne ein einziges Wort hinzuzufügen: Lediglich dadurch, daß er Flaubert überredete, eine Menge wegzulassen.

Den heftigsten Disput gab es um die Beschreibung eines ingeniösen Spielzeugs, den Hof des Königs von Siam darstellend, dem Flaubert nicht weniger als zehn Seiten widmen wollte, Seiten, in denen die Handlung um nichts gefördert worden wäre. Der Disput dauerte nicht weniger als acht Tage, dann siegte Bouilhet mit dem Argument:

„Ein Buckel mag an sich noch so schön sein, wenn du ihn aber der Venus auf den Rücken tust, dann wird die Venus bucklig – also laß den Buckel weg!"

Der junge Flaubert lernte 1846 in einem Maleratelier die bereits berühmte Dichterin Louise Colet kennen, die sich des gut aussehenden Jünglings gerne annahm. Die Dame, die weniger durch ihre eigenen Arbeiten als durch ihre Liebschaften mit dem Philosophen (und Erziehungsminister) Victor Cousin, mit Musset, Vigny, Champfleury und eben Flaubert in die Literaturgeschichte eingegangen ist, war von ihren äußeren Vorzügen ebenso überzeugt wie von der Qualität ihrer Poesien. In einer kleinen Gesellschaft ließ sie einmal das Oberteil ihres Kleides zum Gürtel herunterfallen und sagte den verblüfften Zuschauern:

„Ich kann Ihnen mitteilen, daß die Arme der Venus von Milo wiedergefunden sind: Sie sehen sie an mir ...“

Zehn Jahre nach dem Gerichtsverfahren gegen Flaubert, weil er angeblich, und zwar durch *Madame Bovary*, die öffentliche Sittlichkeit verletzt habe, war auch das offizielle Frankreich endlich von der Bedeutung dieses Autors überzeugt, und er erhielt 1866 das Bändchen der Ehrenlegion.

Es trübte jedoch seine Freude über diese Auszeichnung, daß sie zugleich dem Vicomte Ponson du Terrail zuerkannt worden war, einem Verfasser handlungsreicher, aber höchst flüchtig gearbeiteter Fortsetzungsromane.

„Ich würde mir nichts daraus machen“, riet Maxime du Camp seinem Freund Flaubert, „du brauchst dir doch nur vorzustellen, wie sehr sich Ponson du Terrail ärgert, die Auszeichnung gleichzeitig mit dir zu erhalten!“

Flauberts Pariser Wohnung in der Rue Murillo Nr. 4 lag im fünften Stockwerk, und wenn er allsonntäglich von 13 bis 19 Uhr empfing, hatten seine Freunde viele Treppen zu steigen. Als erster kam stets Turgenjew, als letzter meist Zola. Flaubert trug stets seinen langen Schlafrock, der niemanden mehr störte, und vertiefte sich in intensive Zwiesprachen oder ließ sich von Turgenjew, der oft deutsche und englische Bücher mitbrachte, etwas übersetzen.

„Bei solchen Gelegenheiten erhole ich mich von den Salons der Gesellschaft", gestand er Maupassant, „ich habe nämlich leider die Gabe, mich so sehr in den Gesprächspartner hineinzuversetzen, daß ich schließlich selbst zum Idioten werde."

Vor hundert Jahren war der Beruf des Journalisten noch ungleich gefährlicher als heute. Man durfte zwar an der Kirche Kritik üben, man durfte die Regierung angreifen und selbstverständlich alle Schriftsteller, Schauspieler und Maler, wehe aber, wenn man es wagte, an den Unterleutnants etwas auszusetzen.

In dem Bericht über eine Festivität, den der *Figaro* abdruckte, schrieb der Journalist de Pène unter anderem:

„Es wäre entzückend, nicht mehr den Scharen von Unterleutnants zu begegnen, die nichts anderes tun, als die Buffets zu belagern und mit ihren Sporen die Kleider der Damen zu zerfetzen."

Tags darauf erhielt de Pène eine ganze Reihe von Duell-Forderungen, verwundete seinen ersten Gegner, wurde vom zweiten zu Boden gestreckt und von einem dritten, noch ehe er sich aufrappeln konnte, mit dem Degen durchbohrt.

Wider Erwarten genesen, sagte er seinen teilnehmenden Kollegen:

„Ihr wißt, daß ich eine sehr hübsche Frau habe, *bon.* Was für ein Glückspilz bin ich, daß ich mich aus einem so läppischen Grund schlagen mußte und nicht ihretwegen!"

Elisa Rachel, Tochter eines jüdischen Hausierers und von der Kaffeehaussängerin zu Frankreichs größter Tragödin aufgestiegen, konnte ihr Leben lang einen beinahe pathologischen Geiz nicht ablegen.

Sechs Jahre vor ihrem frühen Tod, bei der Premiere

der *Kamiliendame* im Vaudeville-Theater, schenkte sie dem jüngeren Dumas einen Ring. Die Überraschung war groß, dann aber ermannte sich Alexandre Dumas, verbeugte sich und gab der Rachel ihr Geschenk zurück.

„Sie gestatten doch, Verehrte, daß ich nun Ihnen diesen Ring zum Geschenk mache", sagte er, „das enthebt Sie der Unannehmlichkeit, ihn irgendwann von mir zurückzuerbitten."

Als die Rachel einmal beim Grafen Duchâtel eingeladen war, erregte eine prachtvolle Silberschale in der Mitte der Tafel ihre Aufmerksamkeit, und sie wandte den ganzen Abend nicht mehr den starken Blick ihrer dunklen Augen von dem schönen Gegenstand.

Fasziniert von dieser Gier, bot der Graf an, der Tragödin die Schale zu schenken.

„Aber wie bringe ich sie heim?" fragte die Rachel. „In einer Mietdroschke wird sie mir gewiß gestohlen."

„Natürlich lasse ich Sie in meiner Kutsche heimbringen, Mademoiselle", antwortete der Graf höflich, „ich bäte Sie nur, Wagen und Pferde zurückzuschicken."

Die Geschichte der Eheschließung zwischen dem jüngeren Dumas und der Schauspielerin Ida vom Theater an der Porte Saint-Martin hat so viele Pointen, daß man sie gar nicht alle erzählen kann; wie es zu der für ganz Paris zunächst unverständlichen Ehe kam, ist jedoch sehr bezeichnend:

Die hübsche Ida, von ungewisser Herkunft, hatte immerhin einen tüchtigen Vormund, den Fäkalien-Abfuhr-Unternehmer Domange. Als ihm die Liebschaft zwischen seinem Mündel und dem berühmten Schriftsteller bekannt wurde, setzte er Idas kleines Kapital, etwa 40 000 Francs, dazu ein, Schuldverschreibungen aufzukaufen, die Dumas im Laufe der Jahre ausgestellt hatte.

Daß er fünfmal soviel, nämlich Wechsel für insgesamt 200 000 Francs erhielt, läßt gewisse Schlüsse auf die Kreditwürdigkeit des jüngeren Dumas zu, versetzte Domange aber in die Lage, den Autor zur Ehe zu zwingen.

Ida, im Besitz dieser Exekutionstitel, blieb denn auch die Überlegene und hatte eine hübsche Wohnung in einer Beletage der Rue de Rivoli, während Dumas im Hinterhaus in einem Stübchen im vierten Stock arbeitete.

Als Dumas in einem kalten Winter gegen alle Proteste seiner Ida seinen Arbeitstisch vor ihrem großen Kamin aufstellte und dort schrieb, störte ihn plötzlich ein Geräusch aus dem Schlafzimmer: Blaugefroren und zähneklappernd erschien sein Vorgänger in Idas Gunst, nämlich Roger de Beauvoir: Diskretion hin, Diskretion her, er habe es im kalten Schlafzimmer einfach nicht mehr ausgehalten. Nach einem Blick zum Fenster hinaus entschied Dumas, daß man bei so einem Wetter nicht einmal einen ertappten Liebhaber ins Freie schicken könne, Beauvoir durfte sich einen Stuhl zum Kamin rükken, und, als in diesem das Feuer erlosch, zum Ehepaar Dumas ins große Bett kriechen ...

Als des jüngeren Dumas *Kameliendame* mit außerordentlichem Erfolg Premiere hatte, weilte Dumas Père nicht in Paris: Er war vor seinen Gläubigern nach Brüssel geflohen. Dorthin sandte ihm sein glücklicher Sohn folgendes Telegramm:

„Großer Erfolg, Blumen, Vorhänge ... glaubte mich in einem deiner Stücke."

August Maquet, ein flinker und geschickter Schriftsteller, hatte ganz gut damit verdient, für Gérard de Nerval zu arbeiten, der Maquets Geschichten nach kleinen Verbesserungen dann als seine eigenen ausgab. Nach dem Ende dieser Verbindung entschloß sich Maquet, fortan auf eigenen Füßen zu stehen. Er schreib einen Roman, gab ihm den Titel *Bonhomme Buvat* und zeigte ihn Alexandre Dumas.

„Ausgezeichnet, was Sie da gemacht haben, mein Guter", lobte Dumas, „ein paar kleine Ungeschicklichkeiten ... leicht wegzubringen. Wollen Sie mir Ihr Manuskript zur Bearbeitung anvertrauen?"

Maquet nickte ergeben und protestierte auch nicht, als wenige Monate später sein Roman unter dem Titel *Le Chevalier d'Harmental* und unter dem Autorennamen Alexandre Dumas erschien – ein Scheck hatte ihn getröstet.

Aber Maquet gab nicht auf. Als er feststellte, daß Dumas seinen Roman so gut wie gar nicht verändert hatte, wollte er sich Gewißheit verschaffen und brachte dem berühmten Kollegen ein neues Manuskript, betitelt: *Les Mémoires de Monsieur d'Artagnan.* „Ein hervorragender Stoff", urteilte Dumas gnädig, „aber ein unmöglicher Titel. Wer liest schon Memoiren? Wir nennen das Buch *Die drei Musketiere!*"

Dumas hatte einen großen Ärger: Sein bester Neger, ein fleißiger und verläßlicher Mann, hatte plötzlich das Zeitliche gesegnet. Schweren Herzens machte Dumas sich auf den Weg in die Redaktion, um dem Herausgeber anzukündigen, daß die nächste Fortsetzung des mit größtem Erfolg laufenden Romans sich ein paar Tage verzögern werde.

„Aber wieso, mein Lieber?" staunte der Pressemann. „Ich habe doch heute früh pünktlich das ganze kommende Kapitel erhalten, es ist bereits im Satz!"

Dumas stotterte etwas von Irrtum und Verwechslung und war einerseits erleichtert, andererseits nun erst recht wütend: Der verstorbene Neger hatte einen Unter-Neger gehabt; dieser war am Leben geblieben und hatte pünktlich geliefert ...

In Frankreich wurden literarische Fehden bis an die Schwelle der Gegenwart mitunter auf die sogenannte ritterliche Weise ausgetragen, das heißt in Form von Duellen. Emile de Girardin, der Pariser Pressezar, hatte den Journalisten Armand Carrel eben erst im Duell getötet, als auch Alexandre Dumas solch eine Forderung auf sich zukommen sah. Er wählte das russische Duell, zog die schwarze Kugel und hatte nun die Aufgabe, sich in einem Nebenzimmer zu erschießen.

Bewegt nahm Dumas Abschied von seinen Freunden in der Gesellschaft, verzieh den Feinden, wischte sich eine Träne aus den Augenwinkeln und verschwand in einem anstoßenden Raum. Kurz nachdem er die Tür geschlossen hatte, krachte der Schuß, und ein Arzt wollte eben nachsehen, um den Tod festzustellen, als Dumas betrübt im Türrahmen auftauchte:

„Man möchte es nicht für möglich halten, meine Lieben“, sagte er und hob die noch rauchende Pistole, „aber ich habe mich doch tatsächlich verfehlt ...“

Der ältere Dumas hatte – wie übrigens auch der russische Dichter Puschkin – Negerblut in den Adern, nur war es in seinem Fall kein Hof-Mohr, sondern eine hübsche Negerin von der mittelamerikanischen Insel Santo Domingo, die einen französischen Marquis zu einem Fehltritt animiert hatte.

Ein taktloser Journalist fragte einmal den jüngeren Dumas, ob sein Vater tatsächlich Mulatte gewesen sei. „Und ob“, antwortete Dumas fils, „mein Vater war Mulatte, meine Großmutter Negerin und mein Urgroßvater ein Orang-Utan. Mein Stammbaum fängt also genau dort an, wo der Ihre, wie ich sehe, aufhört!“

François Coppée, hochbegabter Lyriker mit einen dikken Kindergesicht, lebte in seinen jungen Jahren mit der Schauspielerin Marie-Charlotte Doche zusammen, die in der Rolle der Kameliendame ihre größten Triumphe feierte, weil sie mit der Zeit spindeldürr geworden war wie eine Sterbende.

„Diese Tragödin paßt nicht zu Ihnen", riet Emile Zola dem Dichter, „ich sehe schon die Schatten des Todes auf Ihren vollen Wangen. Lösen Sie sich von ihr, wenn Sie nicht als Foetus in den Armen eines Skeletts erscheinen wollen."

Eines Abends, als Courteline seine Suite in seinem Stammhotel betrat, fand er tatsächlich eine ihm nicht ganz unbekannte junge Schöne, nur mit der Abendsonne bekleidet, auf seinem Sofa liegen.

„Monsieur Courteline", flötete sie, „Sie sind ein Dichter, ich bin sicher, daß Sie die Poesie dieses Augenblicks zu würdigen wissen!"

„Ohne Zweifel, Mademoiselle", antwortete Courteline, „in der nächsten Komödie, in der ich ein sprechendes Sofakissen auftreten lasse, ist Ihnen eine Rolle sicher."

Der französische Dichter Georges Duval begann als Journalist in der Redaktion der *Liberté*. Als erste Arbeit verlangte man von ihm zwei Spalten über die brasilianische Kriegsmarine, es sei äußerst eilig. Duval protestierte vergeblich; er habe zwar eine Seemannsschule besucht, aber von Brasiliens Flotte keine Ahnung, der Chefredakteur stand mit der Uhr in der Hand hinter ihm, und Duval schrieb, was ihm eben einfiel.

„Daraufhin muß es doch Dementis geregnet haben?" fragte ihn ein Freund, dem er ein paar Monate darauf die Sache berichtete.

„Ganz im Gegenteil!“ stöhnte Duval. „Offenbar glaubte man mir alles, eben weil es schwarz auf weiß dastand, und das schönste war: sechs Wochen darauf erhielt ich einen brasilianischen Orden!“

Ein mittelmäßiges Stück hatte Premiere; Feydeau, der den Autor kannte, mußte wohl oder übel dabeisein. Nach dem zweiten Akt war er überzeugt, genug gelitten zu haben, und stahl sich hinaus.

„Monsieur Feydeau“, rief ihm der Logenschließer nach, „es kommt noch ein Akt!“

„Genau darum gehe ich ja weg!“ antwortete Feydeau.

Feydeau, nach Schnelligkeit, Inspiration und kreativer Kraft eine der stärksten Begabungen des französischen Boulevardtheaters, hatte einem Theaterdirektor seit Monaten ein Stück versprochen und auch beträchtliche Anzahlungen darauf genommen. Als er immer noch nicht lieferte, obwohl die Besetzungsliste gemacht werden sollte und die Probenarbeit beginnen mußte, rückte ihm der Gewaltige auf die Bude, was Feydeau ganz und gar nicht ausstehen konnte.

„Es ist Ihr Schaden, daß Sie mich so drängen“, sagte der Dichter ungehalten, „ich bin mitten in der Arbeit, Sie halten mich nur auf.“

„Dann lesen Sie mir doch wenigstens etwas vor, damit ich mich schon auf das Stück einstellen und dem Ensemble etwas sagen kann!“ beharrte der Intendant.

Seufzend beendete Feydeau sein Frühstück, griff nach dem dicken schwarzen Notizheft, das immer auf seinem Nachttisch lag, und las, langsam in Feuer geratend, gestikulierend und imitierend, Szene um Szene.

„Ein herrlicher erster Akt“, schrie der Theatermann, als Feydeau innehielt, „prachtvoll, dieser Schwung, diese Exposition ... den gebe ich nicht mehr her!“

Sprach's und riß, ehe Feydeau ihn hindern konnte, das schwarze Heft an sich, schlug es gierig auf und fand – nichts als weiße Blätter.

Tristan Bernard wird – von Jean Nohain und anderen Autoren – auch die Anekdote über des Dichters Verhältnis zur Banque de France zugeschrieben.

An einem Tag, da seine Brieftasche wieder einmal völlig leer war, kramte Tristan Bernard auf der Suche nach irgendeiner zerknüllten Banknote in seinen Schubladen und entdeckte zwar kein Geld, aber immerhin ein altes Sparbuch, auf dem sich noch eine kleine Summe fand.

Glückselig marschierte der Dichter damit zur Banque de France, auf die das Buch lautete, und behob den mit Zinsen und Zinseszinsen inzwischen auf achtzig Francs angewachsenen Betrag, so daß er nun keinen Sou mehr auf seinem Sparkonto hatte.

Beim Hinausgehen wandte er sich dann an den Polizisten, der, die Pistole im Gürtel, vor dem Hauptportal der Bank Wache hielt und sagte:

„Haben Sie herzlichen Dank, mein Bester, *ich* brauche Sie jetzt nicht mehr."

Aurore Dupin hatte unter ihren Vorfahren berühmte Liebende: August den Starken, Aurora von Königsmarck (nach der sie hieß) und den Maréchal de Saxe, den genialen Feldherrn, und sie selbst wurde als George Sand eine der berühmtesten unter jenen Frauen, die sich in ihren Neigungen durch keine Konventionen einschränken ließen.

Ihre Hochzeitsnacht jedoch war keineswegs dazu angetan, ihren Appetit nach Männern zu verstärken.

„Welch eine Nacht ... und welch ein Ekel", schrieb sie, als der Baron Casimir Dudevant sie heimgeführt hatte. „Ich verstehe nicht, daß die Männer diese lächerliche Gymnastik angenehm finden können, die mir tierisch vorkommt. Ich habe stets mit Ungeduld darauf gewartet, daß er einschlief, damit ich weinen könne. Das also ist die Ehe!"

Jene Pariser Wohnung, die George Sand besonders liebte, lag in der Rue Claude Bernard, war nur klein, aber sehr charmant, und ein eifriger Sekretär hielt ihr dort die Neugierigen vom Leibe.

„Wann wird man denn überhaupt von George Sand empfangen?" wollte ein besonders hartnäckiger Besucher wissen.

„Ich gebe zu, daß es schwierig ist", antwortete Manceau, der Sekretär, „bei Tag schreibt *er,* und bei Nacht ist *sie* enorm beschäftigt."

Eine Meisterleistung schwarzen Humors war der Beitrag, den der Kabarettist Alphonse Allais auf eine Umfrage über die Todesstrafe einsandte. Er schlug vor, dem Delinquenten im letzten Augenblick, wenn er den Kopf schon in die berühmte Kerbe gelegt habe, durch einen Justizbeamten die angebliche Begnadigung bekanntgeben zu lassen. In dem Augenblick, da der Unglückliche begreift und erleichtert aufatmet, fällt das Beil herab und trennt das Haupt vom Rumpf. Auf diese Weise stirbt der Ärmste im Rausch eines Glücksgefühls.

Glanzstück im Musée de la Gare d'Orsay ist die lebensgroße Skulptur einer liegenden nackten Frau, die, von einer Schlange gebissen, sich lasziv in Schmerzen windet. Diese *Femme et le serpent* hatte schon vor mehr als hundert Jahren Skandal gemacht, und die erboste George Sand drohte dem Bildhauer, sie werde sein ausschweifendes Privatleben publik machen.

„In dem Fall, Madame", antwortete Clésinger, „wird es mir ein Vergnügen sein, Ihren Hintern in Marmor zu formen, und ich wette, ganz Paris wird ihn erkennen!"

Eine der kuriosesten Eingaben um die Auszeichnung mit dem Band der Ehrenlegion richtete der Gemahl der George Sand im Jahr 1869 an Napoleon III. Er begründete sie weniger mit seinen Verdiensten, von denen er selbst sagt, daß sie ‚sans éclat', also glanzlos gewesen seien, als mit seinen jahrelangen Leiden als *Cocu célèbre,* als ein Ehemann, von dem die ganze Nation wußte, daß er betrogen wurde – und mit welcher Verve.

„Ich wurde in meiner Eigenschaft als Gatte und Vater aufs schwerste geprüft und bin überzeugt, mir das sympathisierende Interesse aller verdient zu haben, die den Ereignissen mit Aufmerksamkeit gefolgt sind."

Napoleon III. hatte selbst so viele Cocus erzeugt, daß er wußte: zeichnete er einen von ihnen dafür aus, so würde ein Ordensregen über ganz Frankreich niedergehen müssen. Darum blieb der unglückliche Baron undekoriert.

George Sand

Die neureichen Untels haben eine herrliche Jagd unweit Paris, so daß sich zu ihrer Einladung auch sehr exklusive Herrschaften einfinden. Nur das Wetter spielt nicht mit, und man langweilt sich entsetzlich, obwohl eigentlich alle Bridge spielen können.

Plötzlich kommt die süße Madame Untel in den Salon gestürzt, in höchster Aufregung:

„Mein Brillantring ist weg!"

Alle kennen diesen Ring vom Vorabend-Bridge, ein herrliches Schmuckstück, ein riesiger Diamant. Betretenes Schweigen, denn es sind wirklich nur erstklassige Leute anwesend.

Da stürzt ein Zimmermädchen in den Salon, ohne anzuklopfen und sichtlich erleichtert:

„Madame ... ich habe den Ring gefunden ... Auf dem Kamin von Monsieur de Châteaubrunbrun!"

Die soeben angestiegene Stimmung sackt in sich zusammen. Peinlicher geht's ja wohl nicht. Bis sich die älteste der anwesenden Damen, eine Herzogin, ermannt und mit ihrer tiefen Stimme sagt:

„Sie werden es schon noch lernen, mein liebes Kind, die Ringe darf man immer anbehalten!"

Ehe die großen Maler des französischen Impressionismus sich durchsetzten, rivalisierten in Paris Ingres und Delacroix um die Palme des stärksten Talents. Die Entscheidung war schwierig, weil Delacroix durch seine Farben, Ingres aber durch die Souveränität der Zeichnung bestach, und darum wollten die Schüler der beiden natürlich wissen, wie ihr Meister den Konkurrenten beurteile.

„Delacroix?" soll Ingres gesagt haben. „Das ist zweifellos ein Mann von Genie – aber sagen Sie's nicht weiter."

„Ingres?" soll Delacroix gesagt haben. „Unbestreitbar ein starkes Talent, aber Sie reden besser nicht davon."

Jacques Louis David, Napoleon in seinem Arbeitszimmer. Öl auf Leinwand, um 1805. Washington, D.C., National Gallery.

Jacques Louis David, Madame Recamier (Ausschnitt).
Öl auf Leinwand, 1800. Paris, Musée National du Louvre.

Adolphe William Bouguereau war einer jener seinerzeit hochdekorierten Salonmaler, die später in Vergessenheit gerieten und heute mit ihren sinnlich-spekulativen, aber technisch brillanten Gemälden das Museum in Gare d'Orsay zieren (Van Gogh haßte ihn).

Ein Kritiker, den es besonders aus dem Häuschen brachte, daß Bouguereau auch nicht davor zurückschreckte, seine hübsche Tochter auf mythologischen Bildern als lächelnde Nackte zu präsentieren, sagte dem Maler in einem Atelierbesuch einmal:

„Was ich Ihnen nicht verzeihe, Meister, ist der Umstand, daß Ihre Tochter mit einer Schnurrbartbinde schlafen muß!"

„Aber ich bitte Sie, Monsieur! Meine Tochter hat doch keinen Schnurrbart!"

„Das nicht, aber die Binde zieht ihre Mundwinkel so hoch, daß sie bei Tag immerzu lächelt ..."

Camille Corot war ein sehr fruchtbarer Landschaftsmaler. Er soll etwa viertausend Bilder gemalt haben, und die Fama behauptet, in den Sammlungen der Welt hingen insgesamt sechstausend Corots, was beweisen würde, daß er verhältnismäßig leicht zu fälschen war. Selbst Picasso aber hatte eine Schwäche für Corots sublime Technik der Landschaftsmalerei und sagte einmal:

„Da wir es nun einmal nicht besser machen können als Corot, müssen wir es eben anders machen!"

Dominique Ingres, der vor allem durch seine runden und glatten Aktbilder bekannt wurde, hatte zeit seines Lebens heftige Fehden mit seinen Pariser Kollegen. Als er mit fünfundvierzig Jahren in die Akademie der Schönen Künste gewählt wurde, wollte es der Zufall, daß es einer seiner schärfsten Gegner war, der durch seinen Tod den betreffenden Sitz frei gemacht hatte.

Ingres folgte, bei scheußlichem Wetter, dem Sarg seines Vorgängers bis ans offene Grab, was allgemein beachtet wurde. Erst als er nachher von einem Freund gefragt wurde, warum er dies denn auf sich genommen habe, gab Ingres die Erklärung für dieses Verhalten:

„Ich wollte eben sicher sein, daß er nicht wiederkommt!"

Unter den Meistern der Pariser Salonmalerei gab es einige von beachtlichem technischem Können, weswegen ihre Aktbilder denn auch mit naturalistischen Details exzellierten. Als man Ingres eben darum die Porzellanglätte seiner Odalisken und Haremsdamen vorwarf, antwortete er verächtlich:

„Wozu denn das alles? Das lenkt doch nur ab. Rund und voll, darum geht es!"

Ingres, an den alten Meistern geschult, war ein Perfektionist. An seinem bekanntesten Bild, dem *Türkischen Bad*, besserte er jahrzehntelang herum, und noch im Alter von 86 Jahren begann er eine Kopie nach Giotto.

Als ein Museumsbesucher, der ihn erkannte, Ingres ansprach, warum denn gerade er, ein berühmter Maler, noch kopiere, antwortete Ingres:

„Das ist doch klar, Monsieur: Um zu lernen!"

Das Kulturleben in Paris war vor allem im neunzehnten Jahrhundert durch eine beinahe intime Gemeinschaft zwischen Literatur und Kunst gekennzeichnet, man denke nur an die Kunstkritiken eines Baudelaire oder den Einfluß der Goncourts. Dem selbstherrlichen Maler Degas war dies ganz und gar nicht recht, und als wieder einmal ein Literat ankündigte, er werde über ihn schreiben, da explodierte Degas mit den Worten:

„Ich habe schon mit sehr klugen Leuten über meine Kunst gesprochen, verstanden hat mich keiner. Bei Menschen, die etwas von Kunst verstehen, bedarf es nicht der Worte. Literatur hat der Kunst nur geschadet."

Von Degas hat man behauptet, er habe sich sein Leben lang eingeschlossen, um immerzu Ballettmädchen zu malen. Daran ist wahr, daß er sehr abweisend sein konnte ...

Als es einmal bei ihm klingelte, fragte er unwirsch, wer draußen sei.

„Aber Monsieur Degas ... Ich komme von der Kunsthandlung Vollard und bringe 15000 Francs für Ihr letztes Bild ..."

„Und deswegen stören Sie mich?" donnerte Degas. „Schieben Sie's unter den Abstreifer!"

Wird ein Maler dreiundachtzig Jahre alt, wie es Edgar Degas vergönnt war, dann erlebt er oft auch noch die Preissteigerung seiner Bilder, die ihm selbst noch für wenig Geld abgehandelt worden waren. Degas war anwesend, als bei der Vente Rouart am 10. Dezember 1912 seine *Danseuses à la barre* (Ballettschülerinnen an der Übungsstange) den stolzen Preis von 435000 Goldfrancs brachten.

„Nun, Monsieur Degas", fragte ihn nach dem Ereignis der Auktionator, „wie ist Ihnen zumute bei solchen Ziffern?"

„Wie einem Gaul, der den Grand Prix gewonnen hat", brummte Degas, „er ist für den Hafer gelaufen ...!"

Der Kunsthändler Ambroise Vollard war vielen Malern ein guter Freund, Helfer und Berater, ging aber in diesen Beziehungen so sehr auf, daß er lange Zeit ledig blieb. Degas warnte ihn: Nichts sei schlimmer, als einsam alt zu werden.

„Und Sie? Sie haben doch auch nicht geheiratet!" protestierte Vollard.

„Bei mir ist das ganz etwas anderes", erklärte Degas, „Ich hatte einfach zuviel Angst, nach einem vollendeten Bild von meiner Frau zu hören: Das ist aber hübsch, was du da gemacht hast, Edgar!"

Degas entstammte der großbürgerlich-reichen Bankiersfamilie de Gas, deren familiäre Verbindungen bis in den höchsten Adel reichten, die aber in den Börsentumulten der zweiten Jahrhunderthälfte ihr ganzes Vermögen verlor. Seither auf die Verkäufe seiner Bilder angewiesen, wurde Degas mißmutig und schweigsam, blieb aber vielen Kollegen ein treuer Freund, wenn auch sehr zurückhaltend gegenüber deren Gemahlinnen. Die einzige Ausnahme, die er dabei machte, die einzige Frau, die er wirklich mochte, war Périe de Fleury, die Frau des Bildhauers Bartholomé.

Als sie sehr früh starb, tröstete er den tief niedergeschlagenen Freund, sagte schließlich aber in seiner gewohnten unwirschen Art:

„Ist einmal eine dabei, die man wirklich mag, was tut sie: Sie stirbt."

Als Maler beschäftigte sich Degas so intensiv mit den Frauen wie wenig andere, malte sie in ihrer Intimität, im Bad, beim An- und Auskleiden. Als Mensch aber legte er eine dem widersprechende Gleichgültigkeit gegenüber dem anderen Geschlecht an den Tag, womit seine Freunde ihn begreiflicherweise neckten.

Da fuhr eines Tages Ellen Andrée, eine junge Schauspielerin, die ihm (und anderen) oft Modell gestanden hatte, nach New York. Degas löste sich eine Passage auf dem nächsten Dampfer, als verfolge er eine Geliebte, ging in den Vereinigten Staaten jedoch nicht von Bord, sondern kehrte zurück.

„Kann ich mehr tun?" fragte er Durand-Ruel, den Kunsthändler, der viele seiner Bilder unter die Leute brachte. „Immerhin habe ich's den anderen nun gezeigt: Ich habe das Zeug in mir, eine junge Kokotte von Le Havre bis New York zu verfolgen!"

Die großen Maler des französischen Impressionismus hatten fast alle noch Lehrer aus jener Generation, der die klassische Kunst und die große Historienmalerei über alles ging.

Renoir erzählt in seinen Erinnerungen vom Zeichenunterricht nach Gipsabgüssen. Die Korrekturen hatte an diesem Tag Emile Signol vorzunehmen, „*le champion de l'art académique sans concession*" (Bénézit), und er schnauzte Renoir an:

„Sie empfinden also nicht, Monsieur, daß die große Zehe des Germanicus mehr Erhabenheit zeigen muß als die große Zehe zum Beispiel des Kohlenhändlers an der Ecke?"

Renoir, dessen Museum wir heute in Cagnes-sur-Mer besuchen, liebte Paris und die Pariserinnen. Als er die vier Treppen in der Rue Rochefoucauld nicht mehr steigen konnte, zog er in die Rue Caulaincourt, auf den Malerhügel Montmartre. Die Wohnung lag im Haus Nummer 43, das Atelier in 73, und seine Modelle fing er sich von der Straße und aus den Läden zusammen, Bäkkerinnen, Töchter von Hausmeistern, Vorstadtschönheiten, zu denen sich gelegentlich eine Schauspielerin gesellte wie Mademoiselle Dieterle, die schöne Helena Offenbachs.

„Ich wäre sehr erstaunt gewesen", schreibt Jean Renoir, der Sohn des Malers, „wenn mir jemand gesagt hätte, diese schönen Mädchen gehörten nicht zur Familie. Häufig kamen sie zu meiner Mutter, wenn sie gerade nicht Modell standen, und baten, im Haushalt helfen zu dürfen. Ohne weiteres gingen sie von der Stellung einer Venus zum Bügeln meiner Unterhosen oder zum Stopfen meiner Socken über."

Der Hamburger Kunstschriftsteller Karl Scheffler hat in den acht Jahrzehnten seines Lebens sehr viele Maler, Bildhauer und Galeristen kennengelernt und unter dem Titel *Das lachende Atelier* eine unverwelkte Blütenlese von Künstleranekdoten publiziert. Als Reverenz vor ihm sei eine der Anekdoten hierhergesetzt, die er dem Grafen Henri de Toulouse-Lautrec gewidmet hat:

„Eines Abends, als Lautrec im Moulin Rouge auf einem der hohen Barstühle saß, erhob sich neben ihm ein Streit zwischen zwei galanten Damen um einen kleinen Hund, der vor Kälte auf seinen Pfoten zitterte. Die Eigentümerin gab wohl zu, daß ihr Hund nicht schön sei, doch wäre er jedenfalls rasserein. Über diese Behauptung spottete ihre Kameradin. Da wandte sich die Besitzerin an Lautrec und sagte:

‚Nicht wahr, mein Herr, mein Kerlchen kann sehr häßlich und doch rasserein sein?'

Lautrec erwiderte: ‚Wem sagen Sie das?'"

Von Henri de Toulouse-Lautrec weiß jeder (auch wenn er seine Bilder nicht kennt), daß ein oder zwei berühmte Pariser Bordelle sein zweites Zuhause waren. Weniger bekannt ist, daß der Historiker und Philosoph Ernest Renan, als er zu füllig für den freien Wettbewerb geworden war, an ähnlichen Stätten Trost suchte. Eine davon wurde von einer Madame Bernard geleitet, die Renan einmal bat, etwas für ihren Sohn zu tun.

„Aber ich bitte Sie, Madame", verwahrte sich Renan, „jeder weiß, daß Ihr Sohn homosexuell ist!"

„Na und? Ich sage Ihnen, Monsieur: Er hat das Zeug zu einer Herzogin!"

Catulle Mendès, ein scharfer, unduldsamer Literat des vergangenen Jahrhunderts, hielt die großen Erfolge, die Victorien Sardou errang, für unberechtigt.

„Aber", wandte man behutsam ein, „das Publikum liebt seine Stücke!"

„Das Publikum, das Publikum", zeterte Mendès, „aber sonst auch niemand!"

Sardou errang 1893 einen seiner größten Erfolge mit dem seither auch verfilmten Theaterstück *Madame Sans-Gêne.*

Ein Satz, den er ihr in den Mund gelegt hatte, wurde in Paris als besonders deutliche Anspielung empfunden:

„Die Gastfreundschaft im Bett, die überlasse ich den großen Damen, die empfangen dort ja die besseren Leute!"

Sein mutigstes Wort sagte Sardou in *Rabagas,* einem vergessenen Stück aus dem Jahr 1880:

„Wird bei einer Revolution der Pöbel geschlagen, so verwandelt er sich unversehens in lauter Halunken; siegt er aber, so besteht er plötzlich aus lauter Helden!"

André Birabeau, einst vielgespielter Komödienautor, unterhielt sich mit einem Regisseur über einen sträflich naiven Schauspieler.

„Der fordert es wirklich heraus, den muß man ja betrügen!" sagte der Theatermann.

„Und selbst dazu", ergänzte Birabeau, „ist er allein gar nicht imstande, da braucht er noch seine Frau!"

Auch in einer höflichen Stadt fallen gelegentlich unhöfliche Bemerkungen.

Tristan Bernard, im Café de la Paix, zu einem Bekannten:

„Man sagt, Sie kennen das alte Paris ... dann wissen Sie sicher, wer diese Dame dort ist?"

Von seinen Freunden sprach Tristan Bernard oft nicht viel besser. Als man ihn auf einen Gefährten ansprach, der im Ruf eines gewissen Stumpfsinns stand, zuckte Tristan Bernard nur die Achseln.

„Das sind doch die besten Freunde!" meinte er. „Hat man einem Mann nichts zu sagen, dann befriedigt man in dieser Freundschaft zugleich das Bedürfnis nach Unabhängigkeit und die Anwandlungen, die uns die Geselligkeit suchen lassen."

Der Erfolg der Elvire Popesco erklärt nicht nur die vielen Akzentrollen in französischen Boulevardkomödien, er zog auch andere Rumäninnen in die Seinestadt.

Es war Ernest Feydeau beschieden, von einem dieser Temperaments-Vulkane im Café überfallen zu werden.

„Oh, wie ich mich frreue, Sie kennenzulernen, Mesjö Feydeau", rief die Bühnenschönheit aus Bukarest, „iberall habe ich Ihre Sticke gespielt, in Bucureşti natürlich, in Iaşi, in Ploešti, in Riminicu, in Tirgu Ocna, in Craiova ..."

„Beruhigen Sie sich, meine Liebe", unterbrach sie Feydeau, „ich habe Ihnen längst verziehen!"

Pierre Loti, dessen *Islandfischer* auch bei uns viel gelesen wurden, hatte ein abenteuerliches Leben und bevorzugte in Frankreich die Küstenstädte und die Inseln. Als er jedoch in die *Académie Française* gewählt wurde, mußte er nach Paris und sich der Presse stellen, die natürlich wissen wollte, wie seine Beziehung zum Meer entstand.

Sie war authentisch, schließlich war er der Sohn eines Schiffsarztes, Offizier im Boxeraufstand und so weiter, aber die Fragerei hatte Loti so geärgert, daß er nicht die Wahrheit sagte, sondern eine faustdicke Lüge auftischte:

„Sie kennen doch", fragte er die Journalisten, „die grauenhafte Geschichte vom Floß der Medusa, von den Leiden der Schiffbrüchigen, vom Kannibalismus aus Verzweiflung? Nun, ein Onkel von mir wurde auf diesem Floß von den anderen verzehrt – das hat mein Verhältnis zum Meer für immer geprägt!"

Der Weg, auf dem Julien Viaud zu dem Pseudonym Loti kam, ist zumindest lang, überdies aber ziemlich originell. Böse Zungen behaupten, daß er, nachdem es ihm nicht gelingen wollte, von Kaiserin Eugénie empfangen zu werden, in die Südsee reiste, wo Königin Pomaré auf Tahiti residierte, genauso stolz wie Eugénie, nur hundert Kilogramm schwerer. Viaud spielte ihr auf dem Klavier einen Querschnitt aus der damals sehr populären Oper *Die Afrikanerin* vor, und die entzückte Königin überreichte dem Dichter-Pianisten eine Rose. Die Rose aber heißt auf Tahiti *loti.*

Gabriele d'Annunzio war noch nicht der Held von Fiume, aber längst ein berühmter Dichter, als im Pariser *Gymnase* sein Stück *La Pizanella* aufgeführt wurde. Er kümmerte sich um die ganze Inszenierung, borgte bei Freunden Kunstgegenstände zusammen und machte die Pariser Damenwelt verrückt.

Eines Abends, als er in Gesellschaft war, fiel auf, daß alle halbe Stunde ein Kutscher erschien und sich vertraulich flüsternd zu dem Dichter hinunter beugte. Das ging so von zehn Uhr bis gegen eins, dann endlich erhob sich d'Annunzio und verabschiedete sich.

Der Hausherr brachte ihn zur Türe und fragte leise: „Die Dame ist wohl besonders hartnäckig ... Drei Stunden im Wagen auf Sie zu warten!"

D'Annunzio seufzte.

„Man hatte sie vor mir gewarnt, und eben darum ist sie jetzt so eifrig hinter mir her!"

Suzanne Despres, die oft an der Seite der Duse aufgetreten war, glänzte auch in schwierigsten Rollen wie der Sprechstückfassung von Hofmannsthals *Elektra* am Théâtre Antoine.

Eine jüngere Kollegin drang in ihre Garderobe ein, als sie die Kostüme wechselte. Die Despres war nicht zu langer Konversation aufgelegt. Also sagte sie nur: „Ich kann Ihnen nur eine Maxime weitergeben, liebes Kind, die ich von der Duse habe und die für diese große Schauspielerin eine Art Essenz der Schauspielkunst war: Immer den Gedanken vor der Geste und immer die Geste vor dem Wort ...!"

Obwohl Oskar Wilde dem Zuchthausaufenthalt seine tiefsten Werke, die berühmte Ballade und das erschütternde Bekenntnisbuch *De Profundis,* abgewann, vermochte er die Eindrücke von Reading nicht zu überwinden und kehrte nie wieder in die Welt zurück, die er früher geliebt hatte, die Welt der Gesellschaft, des Theaters, der eleganten Hotels. Verarmt und vereinsamt lebte er schließlich in einem winzigen, aber ruhigen Hotel in der Rue des Beaux-Arts Nr. 13 nahe von Saint-Germain-des-Prés. Dort starb Wilde im Jahr 1900, und knapp ein Dutzend Menschen gab ihm bei der Beisetzung auf dem Pariser Friedhof Père Lachaise das Geleit.

Nur ein einziger aber hatte den Mut gefunden, Wilde einen Kranz zu stiften und sich auf der Schleife zu ihm zu bekennen: der Inhaber des kleinen Hotels. Auf der Kranzschleife stand keine hochtrabende Würdigung, sondern ganz einfach das, was Wilde für jenen schlichten Pariser gewesen war: „Meinem treuen Gast".

Felix Faure, französischer Staatspräsident, starb bekanntlich unter recht prekären Umständen, nämlich in den Armen der durch ihre Skandale berüchtigten Madame Steinheil.

Der alte Diener des Hauses behielt dennoch die Nerven und machte sich auf die Suche nach einem Priester, fand trotz der vorgeschrittenen Stunde einen und bat ihn in das Zimmer, wo man den großen Mann eilig aufgebahrt hatte.

Angesichts des offensichtlich Toten verwahrte sich der Priester gegen die ihm zugedachte Aufgabe:

„Ich glaube nicht, daß ich für *sein Heil* noch etwas tun kann ..."

„Wenn es nur das ist", beschwichtigte der schwerhörige Diener, „um die *Steinheil* brauchen Sie sich nicht zu kümmern, Hochwürden, die ist längst über die Dienstbotenstiege verschwunden!"

Pierre Mac Orlan, der große Bohemien von Montmartre, Autor der unvergeßlichen Film-Vorlage *Quai de brumes*, hatte schwierige Anfänge, Studienabbruch aus materiellen Gründen, sittengeschichtliche Werke im Auftrag anrüchiger Verleger und so weiter. Seine besten Freunde – Dichter wie Apollinaire, André Salmon und andere – halfen ihm bei einem flagellantistischen Werk, indem sie einschlägige Gedichte produzierten, und als alles beendet und das Honorar verteilt war, atmeten sie gemeinsam auf, nur Mac Orlan blieb bedrückt.

„Sei doch froh", sagten seine Kumpane, „das war gutes Geld, und keiner kennt unsere Pseudonyme."

„Das gilt für euch", seufzte Mac Orlan, „ich aber habe Dumarchey gezeichnet, und das ist mein bürgerlicher Name. Jetzt gibt es nur noch Mac Orlan und kein Zurück ...!"

Auch im Leben großer Schriftsteller gibt es Phasen, in denen das Geld knapp ist. In so einer Lage war Blaise Cendrars, als er dem *Mercure de France* ein langes Gedicht anbot. Es wurde auch sogleich akzeptiert, und Cendrars begab sich hoffnungsvoll in die Redaktion, um sich das Honorar abzuholen.

„Sie können zehn Freiexemplare für Ihre Freunde bekommen, Monsieur Cendrars", sagte die Sekretärin, „aber ein Honorar zahlen wir für Gedichte grundsätzlich nicht."

„Dann setzen Sie das verdammte Ding eben wie Prosa und geben mir mein Geld", brummte der Dichter, strich das Honorar ein und verschwand.

Anna-Elisabeth Comtesse de Noailles war nicht nur eine gefeierte Lyrikerin, sondern auch eine schöne und vor allem sehr redselige Frau. Am Ende einer langen Soirée, als die Gäste schon erschöpft auf den allgemeinen Aufbruch warteten, mußte noch jeder sagen, was er von einer Frau am liebsten als Andenken hätte.

Man beeilte sich um geistvolle Erfindungen, allerlei Kleidungs- und andere Erinnerungsstücke wurden genannt, bis die Reihe an den großen Schauspieler Louis Jouvet kam.

„Nun“, flötete die Gräfin, „welches Andenken hätten Sie am liebsten, Monsieur Jouvet?“

Der große, schlanke Mann neigte sich vertraulich zum Ohr der Gräfin und flüsterte:

„Ein Kind!“

Man hat ihm in diesem Salon die allzu bürgerliche Antwort niemals verziehen.

Bei der Zusammenstellung einer kleinen Abendgesellschaft war eine Panne unterlaufen: Man hatte übersehen, daß Gérard d'Houville das Pseudonym einer sehr schönen und geistvollen Frau sei, so daß der Star des Abends, die Lyrikerin Comtesse de Noailles, unversehens Konkurrenz bekommen hatte.

Gérard d'Houville benahm sich jedoch ausgezeichnet, unterbrach die bekannt redselige Gräfin kein einziges Mal und war so bescheiden wie ein Mauerblümchen, so daß der Herr des Hauses, als er sie hinausbegleitete, ihr dankte und zugleich um Entschuldigung bat.

„Oh bitte“, sagte die d'Houville, Tochter des Lyrikers Hérédia, „es macht beinahe gar nichts. Der Geist der Gräfin ist von so vielen Dingen erfüllt wie ein Bazar in Istanbul – man ist nur noch nicht darauf vorbereitet, in einen Bazar eingeladen zu werden.“

Anna-Elisabeth, Gräfin de Noailles und Prinzessin Brancovan, war eine geistvolle Romanschriftstellerin und große Dichterin; aber ihre Freunde hatten es nicht immer leicht mit ihr ...

Eines Tages bat sie Gaston Bernheim, sie mit Edouard Herriot zusammenzubringen:

„Er ist ja sonst sehr schweigsam, aber ich ... ich bringe ihn bestimmt zum Sprechen!“

Die Verabredung war für 13.15 Uhr getroffen, und Herriot, der Vielbeschäftigte, war auf die Minute pünktlich. Die Gräfin kam um 14 Uhr, und man hörte sie schon vor der Eingangstür reden, so daß die Herren glaubten, sie bringe jemanden mit. Aber sie war allein.

Sie redete auch weiterhin, beim Ablegen, beim Apéritif, bei den Hors d'œuvres, bei den Entrées, beim Braten, bei den Desserts, beim Kaffee. Herriot konnte buchstäblich nicht ein Wörtchen plazieren.

Beim Abschied wollte er dies gutmachen und sah der Gräfin tief in die Augen mit der stummen Bitte um ein Wort, wurde aber sofort wieder gestoppt:

„Und der Blick ...", rief Anna de Noailles, „nein, ein Mann mit solchen Augen darf es sich tatsächlich leisten, schweigsam zu sein!"

In der Belle Epoque waren die großen Boulevards der Ort jenes Corso, bei dem die Herren in den Cafés saßen und die Schönen an sich vorüberparadieren ließen. Feydeau, faul und erschöpft, saß mit einem Schauspieler, den er gut kannte, im Café de la Paix, als hinter ihm eine besonders hübsche Frau vorbeiging.

„Dreh dich um", sagte der Freund, „es lohnt sich!"

Müde winkte Feydeau ab:

„Beschreib sie mir lieber ...!"

Die Kaffeehäuser sind die Orte, in denen man den Schön- und Klugrednern ausgeliefert ist. Einer dieser Boulevardphilosophen tötete Alfred Capus den Nerv und setzte dann endlich zum Schlußwort an:

„Sie sehen, mein lieber Capus ...", sagte er mit gefurchter Stirn, „alles ist in allem!"

„Gewiß", antwortete Capus aufatmend, „und umgekehrt!"

Das berühmte *Chez Maxim's,* wenige Jahre vor der Jahrhundertwende als Eisdiele gegründet und vor allem von Herrschaftskutschern frequentiert, wurde zum Nobellokal, als es gelang, mit Chauveau einen erstklassigen Küchenchef zu verpflichten. Zu den ersten Gästen der neuen Ära gehörten der Graf (später Marquis) de Contades mit der schönen Irma de Montigny, was natürlich ein *Nom de Guerre* war, ebensogut hätte sie sich Irma la Douce nennen können.

Während die Ehefrauen in Longchamp das Feld beherrschten, triumphierten im *Maxim's* die Schönen der Nacht mit ihren phantasievollen Namen, nicht zuletzt, weil man ihren adeligen Begleitern dort großzügig Kredit gewährte. Der wahre Reichtum war längst zu den Damen abgewandert: Als La belle Otéro eines Abends, um ihre Rivalinnen auszustechen, mit all ihren Diamanten erschien, zwei Colliers, die Kaiserinnen gehört hatten, und Ohrgehängen von dreißig Karat, hatte eine Viertelstunde nach ihr die unter der Hand informierte Liane de Pougy einen ebenso sensationellen Auftritt: Sie trug ein langes weißes Kleid, das nur durch das Dekolleté wirkte; drei Schritte hinter ihr jedoch ging ihre Kammerfrau „mit allem Schmuck der Liane de Pougy behangen wie der Elefant von Kapurthala“.

Protokollchef des *Maxim's* war Monsieur Cornuché, und er war unfehlbar, wußte alles, trennte Rivalen, vereinte, was zusammengehörte.

Weniger glücklich war Gérard, der Chasseur. Eines Abends, als er schon getrunken hatte, versprach er, den nächsten Gast, wer immer es sei, mit einem Kuß zu begrüßen.

Es war keine der Schönen, wie er vielleicht gehofft hatte, sondern der Prinz Murat, der Gérard eine kräftige Ohrfeige verpaßte.

Gérard jedoch faßte sich schnell und sagte:

„Mit solchen Handgreiflichkeiten werden Sie das Kaiserreich nicht zurückgewinnen!“

Antoine Comte de Contades hatte eine schöne Freundin, nämlich Fanny Robert, die später noch mehrfach von sich reden machte. Eines Abends, als der Graf in einem Salon am Boulevard des Italiens die Bank hielt, meldete ihm ein Chasseur ehrfurchtsvoll, ‚die Frau Gräfin' sei vorgefahren und warte im Vestibül.

„Ich komme in fünf Minuten", zischte Contades.

Nach einer Stunde dieselbe Situation; der Graf hat einen schlechten Tag und verliert, der Chasseur tritt auf und sagt sein Sprüchlein.

„Bitten Sie Madame", antwortet Contades mit größer Höflichkeit, „sie möchte die Güte haben, sich noch eine kleine Weile zu gedulden."

Endlich ist das Spiel zu Ende, Contades läßt sich den Mantel reichen, geht die Treppe hinunter: Fanny Robert ist nicht zu sehen.

„Sie haben die Frau Gräfin doch gebeten, zu warten?" fragt Contades den Chasseur.

„Gewiß, Monsieur le Comte, aber die Frau Gräfin haben gesagt: Scheiße, ich hau' ab."

Der große Komiker Dranem war nach langer Krankheit so gut wie vergessen, und die Ärzte gaben ihm nur noch wenige Wochen, als Paul Derval, einer der erfolgreichsten Direktoren der *Folies Bergères* bei ihm erschien und ihm vorschlug, an seiner Bühne aufzutreten.

„Aber, Derval, Sie wissen doch, mit mir geht's zu Ende!"

„Keine Spur, ich habe mit Ihrem Arzt gesprochen, Dranem: Hier ist Ihr Kontrakt!"

Dranem las, strahlte, schöpfte Hoffnung und hatte letzte Tage in guter Stimmung, ehe er, den neuen Vertrag an die Brust gedrückt, starb.

Es war kennzeichnend für die *Belle Epoque,* daß das alte Caf'conc, das Konzertcafé, dank hervorragender Chansonniers wie Aristide Bruant nun in ein neues Genre aufgestiegen war und sich Cabaret nannte. 1898 schloß das bekannteste Cabaret seiner Zeit die Pforten: das *Chat Noir,* 1881 auf dem Boulevard Rochechouart begründet, zuletzt in der heutigen Rue Victor Massé.

„Das Publikum des *Chat Noir*", schrieb Paul Bourget, „war eine phantastisch anmutende Mischung aus Künstlern und Schriftstellern, Studenten und Malermodellen, Demimondänen und wirklichen Damen, die hierher kamen, um wohlgewürzte Unterhaltung zu genießen, und das ganze wurde präsidiert von einer kuriosen Persönlichkeit mit herrischem Gehaben und rotem Spitzbart, die sich selbst Gentilhomme-Cabaretier nannte."

Eines Abends erschien, inkognito und unangemeldet, der Prinz von Wales (wenige Jahre später König Eduard VII.). Der rote Spitzbart, ein gescheiterter Maler namens Salis, geriet nun doch ein wenig in Verlegenheit, stotterte: „Königliche Hoheit ... welche Ehre ... für mich und meine Kameraden ...", faßte sich dann aber und fragte zutraulich: „Und wie geht's der Frau Mama?"

Star des *Eldorado* war der lange und dünne Komiker Montel, der beim Singen so herrlich Grimassen schnitt. Als der neunzehnjährige Maurice Chevalier engagiert und als Star angekündigt wurde, beschloß Montel, den Abend platzen zu lassen, und blieb dem Publikum sein drittes Chanson schuldig. Die nach ihm auftretende Carmen Vildez konnte sich mit all ihrem Liebreiz gegen die tobenden Zuschauer nicht durchsetzen, dann aber kam Maurice Chevalier. Er beging nicht den Fehler, auf Ruhe zu warten, sondern begann seinen später so berühmt gewordenen Charmeurs-Rundtanz mit kleinen, koketten Schritten, bis man neugierig wurde und ihn singen ließ. Montel war vergessen, aber er verzieh niemals:

„Mossieu Chevalier", sagte er noch am selben Abend zu dem jungen Rivalen, „Sie sind ein ganz übler Bursche. Sie haben überhaupt kein Talent, Sie haben immer nur die Hände an den Ärschen der Tänzerinnen. Ich sage Ihnen: Sie werden nicht drei Jahre und nicht zwei Jahre am *Eldorado* auftreten, man wird Sie schon nach der ersten Saison feuern."

In der Frühzeit des *Chat Noir,* ehe es seine großen Revuen herausbrachte, lasen bedeutende Dichter hier ihre Werke vor, Paul Verlaine, Jean Moréas, Albert Samain. Einer von ihnen, Maurice Donnay, wurde der Hauspoet, ihn sagte Salis gerne mit dem Bemerken an:

„Dieser junge Mann, Mesdames et Messieurs, wird böse enden, ich sehe ihn schon in der Académie Française."

Die Prophezeiung ging 1907 in Erfüllung, noch ehe Donnay vierzig Jahre alte wurde.

Die Eisenbahn erschloß die weitere Umgebung von Paris in ungeahntem Maß. Auch Habitués wie der Humorist Alphonse Allais entdeckten neue Schönheiten, zum Beispiel winzige, verträumte Bahnhöfe.

Eines Tages, bei solch einem Ausflug, trat Allais auf den Bahnhofsvorsteher zu und sagte:

„Ihr Bahnhof ist reizend. Schade, daß er so weit weg von Paris ist ... In Paris, *ma foi,* hätten Sie damit einen tollen Erfolg!"

Die Pariser Wohnung von Allais lag am Square de Laborde, der heutigen Place Henri-Bergson. Wenn Allais spät heimkam, was sich sehr häufig ereignete, befestigte er ein vorbereitetes Schild an seiner Türe, auf dem zu lesen stand:

„Da Monsieur Alphonse Allais erst gegen Morgen heimkehrte und zudem im Zustand offensichtlicher Trunkenheit, bittet er etwaige Besucher um Verständnis dafür, daß er sie frühestens zur heiligen Stunde des abendlichen Apéritifs empfangen kann."

(Die Wohnung im Haus Nr. 14 ging später an Curnonsky, der auch die Rubrik *Vie drôle* übernahm, die Allais geschrieben hatte.)

Es ist aus der heutigen Sicht erstaunlich, aber das Duell spielte auch in der zweiten Hälfte des vorigen Jahrhunderts noch eine große Rolle, ja ein Zeitungszar wie Girardin tötete den Redakteur eines anderen Blattes im Zweikampf.

Als man im *Napolitain,* einem Modecafé der Zeit, davon sprach, daß zwei berühmte Chirurgen einander gefordert hätten, sagte Tristan Bernard:

„Den Herren genügt es also offensichtlich nicht, ihre Patienten auf dem Operationstisch umzubringen, sie gehen jetzt schon aufeinander los!"

Eduard Manet hatte sein Bild *Christ aux ombres* in einem halbprivaten Zirkel ausgestellt, aber der Kunstkritiker Duranty war dennoch mit härtesten Ausdrücken über das neue Gemälde hergezogen, so daß Manet, tief verletzt, den Journalisten im Café Guerboïs zur Rede stellte und vor aller Augen ohrfeigte. Damit war das Duell unvermeidlich.

Es fand nahe von Paris im Forêt Saint-Germain statt, und die beiden des Fechtens unkundigen Widersacher drangen so wütend aufeinander ein, daß ihre Waffen nachher nur noch Korkenziehern glichen. Schließlich gelang es den vier Zeugen, die beiden zu trennen; man zog ins Café Guerbois, versöhnte sich dort, und die Freunde und Stammgäste des Cafés dichteten auf die Kampfhähne ein etwas mühsam gereimtes Lied von nicht weniger als neun Versen.

In den für Frankreich innenpolitisch sehr bewegten Jahren 1885 bis 1895 zählte man allein in Paris an die hundertfünfzig Duelle. Natürlich ging es dabei nur selten ernsthaft zu, weswegen so mancher Journalist sich über die ehrpusseligen Duellanten lustig machte.

Maurice Donnay verlangte, die Kommandos sollten lauten:

„Eins ... zwei ... und daneben!"

Sein Kollege Louis Veuillot aber erkannte eine gewisse psychotherapeutische Nützlichkeit des Vorgangs:

„Man macht fünfundzwanzig Schritte, stellt sich mit großer Gebärde auf, schießt irgendwohin und hat eine Minute darauf eine funkelnagelneue Ehre."

Léon, Sohn des großen Alphonse Daudet, war einer der schärfsten Pamphletisten der Rechten und verteidigte seine Ideale vierzehnmal im Duell, das für ihn ein durchaus natürlicher Vorgang war:

„Der Hauptvorzug eines Duells liegt in dem Umstand, daß sich der Haß der Gegner dabei verflüchtigt und daß aus einer kleinen Verletzung das Gift fließt, mit dem sich unsere Gesellschaft immer wieder anreichert."

Arthur Meyer, Direktor des *Gaulois,* hatte wegen einer Duellkugel viele Monate im Spital zugebracht und wählte darum Säbel, als Drumont, Direktor von *La libre Parole,* ihn forderte (Drumont war der Meinung gewesen, Meyer hätte als getaufter Jude mehr für Dreyfus tun müssen). Auf dem Duellplatz sah Meyer, der keine

Ahnung vom Säbelfechten hatte, seine einzige Chance darin, die Waffe des Gegners festzuhalten und ihn derweilen am Oberschenkel zu verwunden, was auch gelang. Nur die Polizei war damit nicht einverstanden: Das sei kein Duell gewesen, erklärte der Präfekt, sondern eine Messerstecherei, und belegte jeden der Kontrahenten mit 200 Francs Strafe.

James Baron Rothschild empfängt in seinem Büro in der Bank den Herzog von M., der um diese Unterredung gebeten hat. Rothschild hat wenig Zeit und sagt etwas zu geschäftsmäßig:

„Bitte nehmen Sie einen Stuhl ...!"

Der Herzog glaubt, er sei nicht erkannt worden, richtet sich auf und sagt:

„Ich bin, Monsieur, der Herzog von M."

„Wenn das so ist – nehmen Sie zwei Stühle!"

Jacques Porel hat Henry Bernstein ein Stück ablehnen müssen, aber er lädt den bekannten Autor zum Essen ins *Paillard* ein, ein Restaurant *en vogue,* das dem Theater gegenüberliegt.

„Ich habe die ganze Nacht über Ihre Ablehnung nachgedacht", sagt Bernstein enttäuscht.

„Es wäre besser gewesen, Sie hätten geschlafen!" sagt Porel mitfühlend.

„Geschlafen?" fährt Bernstein auf. „Wir Juden schlafen nie!"

Obwohl er sich mit dem Zeichenstift am besten auszudrücken verstand, besaß Jean-Louis Forain in hohem Maß die Gabe der prompten, der treffenden Antwort.

Eines Tages erzählte ihm der Dandy Robert de Montesquiou, ein bekannter Nichtstuer der Belle Epoque, daß er mit dem Ballon aufgestiegen sei. Montesquiou machte daraus ein großes Ereignis, breitete die Hände aus und rief:

„Ich stieg und stieg immer höher, und mir war, als fliehe mich die Erde!"

„Was man durchaus verstehen kann", antwortete Forain.

Forain war zu einer mondänen Hochzeit geladen. Der Bräutigam war alt und reich, die Braut, mit ihren offenen blonden Haaren, die verwirrte Unschuld.

Ein Freund zog Forain beiseite:

„Wirkt sie nicht wie Ophelia?"

Forain überlegte nur einen Augenblick:

„Tatsächlich, eine Ophelia ... aber sie kann schwimmen: und zwar im Geld!"

Die Prinzessin Mesagne – italienischer Adel – zählte zu den mondänen Mitarbeitern des *Gaulois,* und als sie einen bürgerlichen Monsieur Estradère heiratete, verzichtete sie nicht etwa auf den wohlklingenden Titel, sondern erhob ihren Gatten zu einem Prince Mesagne-Estradère, was so manches empfindliche Gemüt in Paris ärgerte.

Robert, Comte de Montesquiou, einer der prominentesten Snobs der Belle Epoque, gab eines Tages eine Einladung mit zweihundert Gedecken, aber er wartete zwischen den herrlichsten Genüssen vergebens: kein Mensch kam. Erst nach Stunden präsentierte sich ein besorgter Nachbar mit der Frage, wie es denn dem Herrn Grafen inzwischen gehe.

Böses ahnend besorgt sich Montesquiou den *Gaulois* und findet in der Gesellschaftsspalte, vornehm stilisiert, seine Absage des Empfangs wegen Unpäßlichkeit. Wütend eilt er zur Redaktion, die ihm ein Telegramm vorlegt, unterzeichnet Montesquiou, gerichtet an Princesse Mesagne-Estradère.

„Und Sie haben tatsächlich geglaubt", tobt er, „ein Graf Montesquiou würde einen so absurden Titel auch nur für ein Telegramm akzeptieren?"

Während nur vermutet werden kann, daß es Marcel Proust war, der jenes Telegramm geschickt hat, steht in einem anderen Fall der Urheber fest:

Es gab einen gut aussehenden Rumänen in Paris, der den in Rumänien angeblich häufigen Namen Cantacuzene als Adelsnamen durchgesetzt hatte und sich Prinz nennen ließ. Einzig Robert de Flers, echter Marquis mit bedeutenden Vorfahren und erfolgreicher Schriftsteller, sagte standhaft und deutlich Monsieur Cantacuzene.

„Lieber Marquis", monierte eines Tages Cantacuzene, „alle Leute hier nennen mich Prinz!"

Robert de Flers lächelte breit:

„Lassen Sie die Leute doch reden, was sie wollen ..."

Im Frühjahr 1840 erkrankte Judith Bernat, eine der beliebtesten Schauspielerinnen vom *Théâtre des Variétés,* schwer, und an jedem Tag brachte eine schöne junge Frau, die offensichtlich zur Pariser Gesellschaft gehörte, einen Blumenstrauß mit anonymen Genesungswünschen. Als es der Bernat besser ging, erfuhr sie dann, daß es Marie Duplessis gewesen war, die ihr die Blumen gebracht hatte, eine sehr junge Lebedame.

In ihren Memoiren schildert Judith Bernat das erste persönliche Zusammentreffen in dem sehr geschmackvoll, ja kostbaren Heim der Duplessis:

„Die Wohnung war im Stil Louis XV. eingerichtet. Es gab Sofas mit Bezügen aus Beauvais, Terrakottafiguren von Clorion auf Podesten aus Rosenholz, himmlische

Chiffoniers (engl. Kommoden) von Riesener mit Kupferarbeiten von Gontière. Es sah aus wie in einem Palast oder in einem Museum. Sie zeigte mir jedes Stück mit der Freude einer Kennerin. Sie wies mir eine Kuchenschale aus Sèvres in Form einer trunkenen Bacchantin, die von einem Faun geneckt wird, und lachte dabei.

„Sind Sie glücklich?" fragte ich.

„Ja ...", sagte sie, wurde aber sogleich sehr ernst und fuhr fort: „Nein, glücklich bin ich nicht – aber das merkt keiner."

Marie Duplessis wurde die erste Liebe von Franz Liszt, sie wurde eine Gräfin Perregueux, und sie starb mit dreiundzwanzig Jahren. Und sie wurde unsterblich als die Kameliendame, dank einem Stück des jüngeren Dumas, das als sein schlechtestes gilt, aber sein erfolgreichstes war.

Es kam nicht erst im neunzehnten Jahrhundert vor, daß bedeutende Männer die Gunst des gleichen leichten Mädchens genossen, aber im Fall der Esther Guimond machte dieser Umstand beinahe Geschichte. Der erste der Herren und ihr Entdecker war der Historiker François Guizot von der Sorbonne, unter Louis-Philippe zeitweise Außenminister und Ministerpräsident, der andere war der Publizist Emile de Girardin, dessen Massenblatt *La Presse* 1848 in die gefährlichsten Intrigen verwickelt war.

Als General Cavaignac im Juni 1848 die Revolution niederwarf, wurde Girardin verhaftet, und niemand gab einen Sou für sein Leben. Esther Guimond aber wagte sich zu dem General und bat um Girardins Freilassung.

„Aber er hat konspiriert, Madame", verwahrte sich Cavaignac.

„Girardin und konspirieren?" sagte lachend die Gui-

Eugène Delacroix, Die Freiheit führt das Volk auf die Barrikaden (Ausschnitt).
Öl auf Leinwand, 1830. Paris, Musée National du Louvre.

Franz Xaver Winterhalter, Kaiserin Eugénie und ihre Hofdamen.
Öl auf Leinwand, 1855. Compiègne, Musée National.

Edgar Degas, Tänzerin auf der Bühne (Ausschnitt).
Öl auf Leinwand, 1878. Paris, Musée National du Louvre.

mond. „Der ist doch nie mit irgend jemand anderem einer Meinung!"

Nun mußte auch der General lachen, und Girardin war gerettet.

Girardin, ein später legitimierter unehelicher Sohn des Generals Alexandre Comte de Girardin, hatte 1831 die Aachenerin Delphine Gay geheiratet, eine junge Dame von großer Schönheit und starkem poetischem Talent, die Romane und Theaterstücke schrieb. Girardin verdächtigte sie in krankhafter Eifersucht nicht nur immer wieder der Untreue – er affichierte sich auch mit Esther Guimond und anderen Kurtisanen, um sich zu rächen, so daß man in Paris von ihm sagte, er sei „der Gatte aller Pariserinnen, nur nicht seiner eigenen Frau".

Victor Hugo, der später so stolz alle Gnaden des dritten Napoleon von sich wies, war in einem Punkt ein schlechter Verlierer – wenn es um eine schöne Frau ging. Als die junge Schauspielerin Alice Ozy ihm zwar ihre hübsche Wohnung über dem beliebten Kaffeehaus *La Maison d'Or* zeigte, sich ihm aber verweigerte, konnte Hugo dies so wenig verwinden, daß er sie in seinen Erinnerungen, dem Buch *Choses vues* verleumdete: Er behauptete, sie habe sich ihm nackt gezeigt und ihm in Gegenwart ihres Liebhabers ihre Gunst in Aussicht gestellt.

Dieser Liebhaber, und glücklicher als Victor Hugo, war der Salonmaler Théodore Chassériau, den sie jedoch verließ, als er ihr ein Bild, das sie zu besitzen wünschte – eine Kopie nach El Greco –, verweigerte. Vielleicht, weil ihr Victor Hugo inzwischen zu würdig erschien, erhörte Alice Ozy nun Charles Hugo, einen Sohn des Dichters. In den sechs Wochen, welche die Liaison währte, schrieb Charles der Schönen tagtäglich ein Gedicht in eine Art Stammbuch, das in schwarzes Leder gebunden war. Einer ihrer letzten Verehrer, der Dichter Edmond About, sagte einmal, als die Rede auf sie kam:

„Wer je an ihrem Herzen gelegen, ist ihr für immer verfallen; im Augenblick der Gefahr brauchte sie nur eine Trommel zu rühren, und eine Armee würde sich um sie scharen."

Als hätte England den Napoleoniden noch nicht genug angetan, entsandte es um 1855 eine rothaarige Schönheit, die sich alsbald Cora Pearl nannte, auf den Kontinent, wo sie nacheinander die Geliebte eines Herzogs von Rivoli, eines Prinzen Murat, des Herzogs von Morny und des Prince Napoléon, auch *Plon-Plon* genannt, wurde, ihrer mit neun Jahren längsten Liaison. Ein Sündenregister also, das sich wie ein Schlachtenbericht aus den Zeiten des großen Bonaparte liest, und der doch nichts anderes ist als der amouröse Nachklang großer Zeiten im Zweiten Kaiserreich.

Coras Soupers, niemals weniger als fünfzehn Gedecke, waren berühmt, und ihr Haus an der Rue de Chaillot 101 hieß bald *Les Petits Tuileries.* Eines Tages versprach sie ihren Gästen ein besonderes Fleischgericht, das niemand zu zerteilen wagen würde. Voll Spannung erschienen die Auserwählten, die um diese Ehre erbittert gerungen hatten, und endlich wurde, nach den Entrées, der geheimnisvolle Hauptgang aufgetragen. Es war Cora Pearl selbst, auf einem riesigen Silbertablett von vier Dienern getragen. Sie hatte ihren berühmten Körper mit einigen Sträußchen Petersilie garniert.

Als Cora Pearl in Offenbachs *Orpheus in der Unterwelt* auftrat und mit englischem Akzent das Couplet „Ich kenne die Liebe" sang, trug sie als Cupido ein kaum wahrnehmbares Kostüm, mit dem ihre Garderobière eben darum aber besondere Mühe gehabt hatte – es kam schließlich auf jeden Zentimeter an. In der Eile vor dem Auftritt hatte Cora ihre Ohrringe verloren, vielleicht hätten sie auch zu der Rolle des kleinen Liebesgottes nicht gepaßt, jedenfalls fand die Garderobière sie vor dem Schminktisch und wollte sie Cora Pearl überreichen, als diese beifallumrauscht von der Bühnen kam.

„Aber ich bitte Sie, liebe Freundin", sagte der eben geborene Operettenstar, „behalten Sie doch diese Kleinigkeiten" – sie waren zusammen 4000 Francs wert, gut das doppelte Jahresgehalt der Garderobière.

Schöner als Esther Guimond und – trotz des abfälligen Urteils der Goncourts – kaum weniger geistreich, hat Léonide Leblanc ähnlich wie ihre Vorgängerin im Randfeld zwischen Liebe und Politik ebenfalls zwei Berühmtheiten gleichzeitig mit ihrer Gunst ausgezeichnet, und zwar Georges Clémenceau und den politisch im gegensätzlichen Lager stehenden Herzog von Aumale, Mitglied des Hauses Orléans und Militärschriftsteller.

Die beiden Herren wußten voneinander und erkundigten sich als Männer von Kultur nach dem Befinden des Gegenspielers, was etwa so vor sich ging:

„Nun, kleine Léonide" , fragte der Herzog, „was macht Ihr Sans-Culotte?"

Und Clémenceau, als Sans-Culotte etwas weniger höflich, fragte: „Du siehst mich so traurig an, Léonide, hat deine vergreiste königliche Hoheit mal wieder auf mich geschimpft?"

Der Herzog von Aumale spielte eine besondere Rolle im Sensationsprozeß gegen den Marschall Bazaine, dem man vorwarf, 1870 Metz an die Preußen übergeben zu haben. Man kämpfte um jeden Platz im Saal, und eine Dame von hohem Adel machte Léonide den Stuhl mit dem Bemerken streitig, er stehe ihr zu: Sie werde nach der Verhandlung mit Monseigneur (so die Anrede für den Herzog) zu Mittag essen.

„Sie wollen ein Platz, weil Sie mit ihm essen?" fragte Léonide Leblanc höhnisch, „dann stehen mir drei Plätze zu, denn ich, Madame, ich schlafe mit ihm!"

In Rostands *Cyrano de Bergerac,* einem der größten Theatererfolge, die Paris je gekannt hat, war Coquelin, ein Vollblutschauspieler und temperamentvoller Theatermann, ein Cyrano, der neben sich keinen anderen Darsteller aufkommen ließ.

Ein junger Kollege, der als Le Bret fünf Akte auf der Bühne stand, ohne jemals eine wirkliche Szene zu haben, beklagte sich darüber, worauf Coquelin antwortete:

„Was willst du denn? Du hast doch eine wunderschöne Rolle! Ich rede dich doch die ganze Zeit an!"

Da es in den Boulevardkomödien stets auch darauf ankam, daß die Hauptdarstellerinnen hübsch, jung und appetitlich waren, hüteten sich die großen Routiniers des Genres, diesen attraktiven Geschöpfen allzu viele technische Schwierigkeiten in Gestalt komplizierter Dialoge zu bereiten. Sie sollten unbefangen drauflosspielen und zeigen, was sie hatten.

1899 riskierte es Feydeau, mit dieser Tradition zu brechen, und stattete seine *Dame de chez Maxim's* mit den köstlichsten Pointen aus, wobei er allerdings das Glück hatte, daß die junge Armande Cassive sie auch prächtig servierte. Es währte nicht lange, und die Cassive erkannte, daß der junge Dramatiker seinen Erfolg zu einem Gutteil ihr verdanke.

„Eigentlich könntest du mir Tantiemen bezahlen!" sagte sie scherzhaft.

„Dazu bin ich gerne bereit", antwortete Feydeau, „wir ziehen zusammen, *d'accord?*"

Besondere Wirkungen erzielte Armande Cassive mit ihren Deshabillés. Sie raffte sie, sie ließ sie von den Schultern gleiten, sie entblößte die Arme und verstrickte das Publikum, das in jener Epoche ja nur an bodenlange Kleider gewöhnt war, in einen erotischen Rausch, den nur die weiblichen Zuschauer gelegentlich durchschauten.

„Sie sind schon wieder hingerissen", sagte Béatrix Dussane, eine Kollegin der Cassive, zu ihrem Begleiter, „Sie glauben, Sie haben etwas gesehen? Ich kann Ihnen sagen, was Sie gesehen haben: eine Schauspielerin, die zugleich ein Feuerwerk abbrennt und eine Katastrophe ist, je nachdem, ob Männer oder Frauen sie sehen ..."

An einem nebligen Pariser Morgen trug man den großen Sammler Groult zu Grabe, hinter dem Sarg sein ältester Sohn, mit dem er – wie ganz Paris wußte – völlig zerstritten gewesen war.

Forain, im Trauerzug, machte sich seine Gedanken: „Seit fünfzehn Jahren das erste Mal", sagte er vor sich hin, „daß man Vater und Sohn zusammen sieht!"

Januar 1896. Paul Verlaine ist gestorben, und an seinem Grab sprechen so erlauchte Geister wie Maurice Barrès, Catulle Mendès und François Coppée. Danach, beim Mittagessen in einem großen Restaurant der Boulevards, hört man's anders, auf einmal weiß jeder etwas Abträgliches über den toten Dichter zu sagen, und am buntesten treibt es Coppée.

„Kellner!" ruft Edmond de Goncourt. „Bitte reservieren Sie uns diesen Tisch."

„Für wann, *maître?*“

„Für den Tag der Beerdigung von Monsieur François Coppée!“

Schließlich war es mit François Coppée auch soweit. Der ganze Parnaß war im Trauerzug vertreten und ganz Montparnasse obendrein. Paul Léautaud und Henri de Régnier gingen nebeneinander, vor ihnen Paul Bourget, berühmter Romancier, vom Weinen geschüttelt.

„Wer hätte das gedacht“, sagt Léautaud verwundert, „Bourget heult wie ein Schloßhund.“

„Das hat gar nichts zu sagen“, antwortet de Régnier, „Bourget weint bei jeder Kleinigkeit; warum soll er gerade beim Tod von Coppée nicht weinen?“

Als Forain mit der letzten, tödlichen Krankheit zu Bett lag, redete ihm sein Arzt ein, daß es ihm besser gehe, immer besser, bis Forain eines Tages die Geduld verlor und nach einem dieser hoffnungsvollen Sprüche sagte:

„Mit einem Wort, Herr Doktor, ich sterbe geheilt!“

III

DAS JAHRHUNDERT DER ERNÜCHTERUNG

Paris begrüßte das zwanzigste Jahrhundert unter anderem mit der Eröffnung der ersten *American Bar* an der Ecke der Rue des Mathurins mit den Boulevards. Als sich herumsprach, daß Georges Feydeau dort gelegentlich einen Whisky trank, erschien eines Nachmittags das Herzogspaar d'Uzès.

„Wir suchen diesen unauffälligen Ort aus, Monsieur Feydeau", sagte die Herzogin, „weil ich eine persönliche Bitte an Sie habe. In Ihrer *Dame de chez Maxim's* tritt ein Priester in seinem Ordenskleid auf ... Das stört mein religiöses Empfinden. Ist die kleine Rolle nicht entbehrlich?"

„Darüber können wir reden, Durchlaucht", antwortete der Dramatiker, „ich verzichte auf den Gag mit dem Priester, wenn Sie auf Ihre Parforcejagden verzichten. Denn diese Tierquälerei stört wiederum mein Empfinden."

Der Schauspieler, Lucien Guitry ging auf die Fünfzig zu, als er 1908 seine letzte richtige Liebhaberrolle spielte in dem Stück *La femme nue*, einem Schlüsseldrama von Henri Bataille um einen Bildhauer und sein Aktmodell. Lucien Guitry war nicht zu alt für die Rolle, aber das Theater des großen Antoine hatte einen neuen, aktionsreichen Darstellungsstil gegen die Wortkunst Guitrys gesetzt.

Im dritten Akt stirbt Lolette, das Modell, in einem Spitalbett. Berthe Bady hatte Auflösung und Untergang der Unglücklichen höchst realistisch gespielt, und so erschrak alles wahnsinnig, als bei der letzten Aufführung Lucien Guitry die vermeintlich Tote an den Haaren hochzog, dem Publikum das blaß geschminkte Gesicht der Bady zeigte und deklamierte:

„Die ist so tot, da kann auch Monsieur Antoine nichts mehr machen!"

Gabriele d'Annunzio ist in Paris, denn das *Martyrium des heiligen Sebastian,* ein Mysterienspiel für Soli, Chöre und Orchester mit Musik von Debussy, hatte am 12. Mai 1911 Uraufführung. Es ist ein großer Erfolg, selbst Léon Blum schreibt hymnisch.

Das festliche Souper findet bei *Weber* statt, eine junge Verehrerin dringt bis zu dem Dichter vor und seufzt:

„Monsieur d'Annunzio, Sie sind ein Gott!"

D'Annunzio richtet sich indigniert auf:

„Das nächstemal lassen Sie das *ein* weg!"

Ehe die *Belle Epoque* im Ersten Weltkrieg zu Ende ging, trieb sie ihre buntesten Blüten, nicht immer zur Ehre der alten Geschlechter. So waren die Grafen de Castellane stets gute und gnädige Herren ihrer Bauern und Pächter gewesen, womit sie auf dem kargen Boden der nördlichen Provence freilich nicht reich werden konnten, und sie hatten unter dem dritten Napoleon sogar einen Marschall von Frankreich hervorgebracht. Bald nach dieser höchsten Ehre des Geschlechts jedoch ruinierte Boni de Castellane den Ruf der Familie, indem er zuerst eine amerikanische Millionärin heiratete und dann nach dem eigenen Vermögen auch noch die Dollarmillionen durchbrachte.

„Eines Tages", schreibt Graf Boni, „fand ich heimkehrend in meiner Wohnung ein halbes Dutzend Menschen, die so eifrig diskutierten, daß sie mich zunächst gar nicht bemerkten. Ich näherte mich ihnen und fragte lächelnd, womit ich ihnen gefällig sein könne. Und nun blickten alle diese Leute, die bis dahin in ihren Läden meine Befehle devot entgegengenommen hatten, mich grimmig an, bis einer sich ermannte und sagte: ‚Herr Graf, Sie sind geschieden.'

So erfuhr ich die große Katastrophe."

Graf Boni, bankrott und von seinen Gläubigern gejagt, plante ein gesellschaftliches Comeback. Ein Frühstück mit illustren Gästen sollte ihm dazu verhelfen, und als berühmtester Gast war Sarah Bernhardt ausersehen, die so spindeldürr war, daß kein Mensch wußte, wohin sie eigentlich die ihr oft reichlich gespendeten Mahlzeiten versenkte.

Nach fünf Anfragen, wer denn außer ihr komme und wie die Räume eingerichtet seien, rollte endlich ihre Kutsche vor das Haus. Sie war leer. Als Boni schon enttäuscht wieder ins Haus verschwinden wollte, stieg dennoch jemand aus: Sarah Bernhardt.

Nicht mehr durch die Millionen der Gould geschützt, führte Graf Boni das aufreibende Leben eines Menschen, den seine Gläubiger jagen. Speiste er in seinem Stammrestaurant, so mußte er seinen Zobelpelz in einer verborgenen Kammer aufhängen. Kam der Gerichtsvollzieher zu ihm nach Hause, so ließ er ihn im Vorzimmer so lange warten, bis die wertvollsten Möbel und Bilder in einen Verschlag geräumt waren. Die tiefste Erniedrigung harrte seiner jedoch, als die schöne Lavallière den Bankrott-Grafen nämlich in einer satirischen Revue darstellte.

„Ich ging“, berichtet Boni de Castellane, „zum Direktor des Theaters, um ihm zu sagen, wie sehr mich dies kränke, und er riet mir, doch mit der Darstellerin selbst zu sprechen, sie sei eine Freundin des Autors, der die Revue geschrieben habe. Ich fand Mademoiselle Lavallière in ihrer Garderobe, nur mit einem Trikot bekleidet, das sie von den Füßen bis zum Hals einschloß, wie sie gerade einen Tanzschritt übte. Sie war damals eine von der Lebewelt sehr umworbene Schönheit, schlank und geschmeidig wie eine Katze. Kokett spielte sie mit ihren hübschen Füßen, betrachtete mich dann mit ihren schwarzen Augen und nahm mich schließlich beim Kinn.

„Ich weiß, was Sie zu mir führt", sagte sie, dann warf sie den Kopf zurück, wölbte ihre Brust, hob die Nase in die Luft und kopierte mich so gut, daß es des Hutes gar nicht bedurft hätte, den sie mir aus der Hand nahm und aufsetzte.

„Es ist frappierend", gab ich zu, „aber Sie machen mich lächerlich!"

„Irrtum, Graf", antwortete sie mit einem grausamen Lächeln, „Sie *sind* es bereits!"

Auch die Justiz, an sich ein Hort des konservativen Geistes, schien sich dieser Meinung anzuschließen, denn als Boni de Castellane sich nach einem Begräbnis mit jenem Verwandten prügelte, der ihn bei Mrs. Gould ausgestochen hatte, kam es zu einem Prozeß, in dem der Vorsitzende sagte:

„Daß Leute einen Streit mit Stockschlägen austragen, sehen wir alle Tage. Seltener ist es, daß die Helden solcher Vorgänge Jackett und Zylinder tragen. Handgreiflichkeiten waren früher ein Zeitvertreib des Pöbels; jetzt sind sie scheinbar zur Unterhaltung der Prinzen geworden. Die große Nivellierung vollzieht sich tatsächlich, jedoch nicht durch den Aufstieg des Pöbels, sondern durch das Herabsteigen der Elite."

Der Vetter, mit dem sich Graf Boni geprügelt hatte, war Sohn des Herzogs von Talleyrand und hieß mit seinem vollen Namen Hélie Comte de Périgord, Prince de Sagan. Groß, schlank und mit einem Charakterkopf begabt, sah er stets älter aus, als er war, und als er sich um die hübsche Mademoiselle Gérome bemühte (Jahre bevor sie Randolph Churchill heiratete), sagte diese verächtlich zu ihren Freundinnen:

„Aber ich bitte euch, was soll ich denn mit diesem *alten Prinzen*?" – Prinzen haben eben jung zu sein!

Dies wurde sein Spitzname, aber er hatte auch Verehrer im kleinen Volk, die ihn zärtlich *Bozon* nannten, ohne daß man weiß, wie dieser Name zustande kam.

Es gab ein Blumenmädchen namens Ysabelle, eine muntere und geistvolle Person, die alle mochten, weswegen sie im geheiligten Wiegeraum der Pferderennen Blumen verkaufen durfte und auch Insider-Tips für die Turfwetten gab.

„Sie schätzte die eleganten Rennplatzbesucher", erzählt Graf Boni, „war immer sorgfältig angezogen, trug Halbhandschuhe aus Spitzen und eine weiße Schürze, von der sich ihre Blumenkörbe abhoben. Da sie mir jedesmal Glück brachte, wenn ich sie sah, ließ ich ihr einiges Geld zukommen. Sie rief jeden von uns beim Vornamen, und sie reichte mir stets Rosen, von denen sie vorgab, sie für mich speziell ausgewählt zu haben."

„Sie sind ein Mann von Chic, Boni", sagte sie manchmal, „wie es heute keine mehr gibt. Mit Bozon und Ihnen wird die Rasse ganz aussterben."

Als Boni de Castellane zwar den Krieg unversehrt überstanden, aber seine Wohnung und sogar die Verbindung zu seinen inzwischen erwachsenen Kindern verloren hatte, brachte er es fertig, mitten in Paris die Schlafkrankheit zu bekommen, und die Ärzte machten ihm keine Hoffnung.

Als frommer Mann, und da der Papst seine geschiedene Ehe noch nicht aufgelöst hatte, so daß er im Sinn der Kirche immer wieder Sünden auf sich lud, bat Comte Boni um einen Priester für die letzte Beichte.

Sie war dann doch nicht die letzte, aber der Verschwender und Lebemann, der Angeber und Bankrotteur hatte bei dieser Gelegenheit das Wort gefunden, das sein seltsames Leben mit einem gewissen Glanz überzog:

„Man muß im Leben viel geirrt haben, um seine wahre Bestimmung zu erkennen."

Ein alter, keineswegs reicher Graf hatte das Glück, in einem sehr jungen Mädchen echte Gefühle zu erwecken, und ließ sich nicht davon abbringen, sie zu heiraten.

Als ihn ein guter Freund nach der Hochzeit zwar beglückwünschte, aber doch eine gewisse Verwunderung äußerte, sagte ihm der Graf nicht ohne Rührung:

„Ich habe Junge und Alte, Häßliche und Schöne, Melancholikerinnen und fröhliche Frauen um eine späte Ehe gebeten, aber keine hat mich haben wollen – bis ich endlich ein Wesen gefunden habe wie sie: Sie ist kindlich genug, ihr Leben mit dem meinigen zu vereinen."

Die Rothschilds sind bis heute große Pferdeliebhaber, und ihr Rennstall war zeitweise berühmt. Im Juni 1914, am Tag des Grand Prix von Longchamp, gaben sie einen großen Empfang in ihrem Haus in Boulogne-sur-Seine, einem westlichen Vorort von Paris. Botschafter, Minister und Herren und Damen der Gesellschaft ergingen sich bei schönstem Wetter zwischen den stark duftenden Beeten des kleinen Parks, der das Haus umgab, als Madame Edmond de Rothschild rief:

„Mesdames et Messieurs, wissen Sie schon das Neueste? Das österreichische Thronfolgerpaar ist in Sarajevo erschossen worden."

Sogleich bildeten sich diskutierende Gruppen. In einer von ihnen sagte Boni de Castellane:

„Das bedeutet unausweichlich den Krieg."

Die ganze Runde lachte ob dieser düsteren Prophezeiung, und ein Herr artikulierte, was alle dachten:

„Sie sollten wissen, Graf, daß es beim heutigen Stand der Technik überhaupt keinen Krieg mehr geben kann!"

Während des Ersten Weltkrieges wurde Frankreichs satirischer Zeichner Jean-Louis Forain mindestens so bekannt wie heute etwa Jean Effel. Forain wurde von seinem Blatt an die Front geschickt, staffierte sich kunstvoll als Kriegsberichter heraus und erschien so vor dem General Pétain, um seinen Passierschein unterschreiben zu lassen.

Pétain, der für Zeitungsleute nicht viel übrig hatte, warf nur einen verächtlichen Blick auf den komischen Vogel und sagte, während er unterschrieb:

„Haben Sie gar keine Angst, daß Forain Sie sieht?"

Marschall Foch, Frankreichs großer Heerführer im Ersten Weltkrieg, war gegenüber Journalisten sehr abweisend, so daß sie oft stundenlang seinen Chauffeur belagerten, er solle ihnen doch mitteilen, was der Marschall so über den Krieg äußere und wann er wohl zu Ende gehen werde.

Eines Tages hatte der Chauffeur eine Nachricht für die Zeitungsleute.

„Heute endlich hat der Marschall mit mir über das Kriegsende gesprochen!"

„*Parbleu* ... Was hat er gesagt, so reden Sie doch, Mann!"

„‚Pierre', hat er gesagt", berichtete der Chauffeur, „‚was meinst du, wie lange wird dieser Scheißkrieg noch dauern?'"

Das neue, das zwanzigste Jahrhundert begrüßte Anatole France im *Figaro* (wo man ihn heute gewiß nicht mehr zu Wort kommen ließe) mit der ahnungsvollen Vision:

„Jedesmal, wenn ich mich einem bewaffneten Ordnungshüter gegenübersehe, bin ich ein wenig überrascht davon, daß er mir den Säbel, den ihm die Republik umgehängt hat, nicht durch den Leib stößt – denn das Studium der Geschichte und unserer Welt hat mich davon überzeugt, daß solch eine Aktion für den Mann durchaus natürlich wäre!"

Der einst vielgelesene Anatole France, den man in der Bundesrepublik Deutschland gerade wiederentdeckt, hatte in seiner Zeit gewisse Schwierigkeiten mit der öffentlichen Meinung: Er sei ein Zyniker und wolle den Besitz umverteilen. Doch gibt es auch sehr feine Beobachtungen des Nobelpreisträgers wie die Bemerkung:

„Die Söhne glauben stets an die Tugenden der Mutter. Die Töchter auch, aber nicht ganz so fest."

Der Nobelpreis des Jahres 1921 hatte Anatole France weltberühmt gemacht, und Journalisten aus allen Erdteilen fragten nach seiner Meinung über die Weltprobleme, unter anderem über China, das man damals als die *gelbe Gefahr* ansah.

„Ein Volk lebt nur aus seinem Selbstgefühl. Es scheint dreihundert Millionen Chinesen zu geben, aber sie selbst wissen das nicht. Und darum möchte ich Ihnen antworten, Messieurs: Solange die Chinesen sich nicht zählen, zählen sie nicht."

Nach Abschluß des Vertragswerkes von Versailles ließ es sich nicht umgehen, daß Georges Clémenceau auf seinen hartnäckigsten Gegner, den Präsidenten Wilson, eine Festrede hielt, die naturgemäß nur Lob enthalten durfte. Der „Tiger", der sich nie ein Blatt vor den Mund nahm, sagte unter anderem:

„Woodrow Wilson ist ein Mann, der durch die Einfachheit seiner Rede und die edle Treuherzigkeit seines Geistes unsere Achtung verdient!"

Die Worte *Einfachheit* und *Treuherzigkeit* betonte Clémenceau aber in einer Weise, daß Aristide Briand sich zu seinem Nachbarn neigte und flüsterte:

„Das ist die vollendetste rhetorische Schilderung eines Trottels, die ich je in diesem Hause gehört habe!"

Clémenceau war nicht nur ein großer Politiker, sondern vermutlich der beste Journalist, den Frankreich um die Jahrhundertwende hatte, und er blieb bis zu seinem Tod im Jahr 1929 literarisch tätig. Einen so aktiven Mann mußte es aufs tiefste bestürzen, welcher Schlendrian in manchen Pariser Amtsstuben herrschte.

1906, als er das Innenministerium übernahm, ging er unangesagt durch alle Räume des Ministeriums, lediglich von seinem Sekretär begleitet. Ein Zimmer nach dem anderen erwies sich als leer, an keinem Schreibtisch auch nur der kleinste Hilfsbeamte. Erst im Archiv, im letzten Raum, entdeckte Clémenceau einen grauhaarigen Herrn, der schlummernd in seinem Sessel saß.

Der Sekretär sprang hinzu, um den Mann zu wecken, aber Clémenceau hinderte ihn daran und flüsterte:

„Psst, nicht aufwecken, sonst geht der auch noch fort!"

Während der großen Grippeepidemie von 1918, die in England, Frankreich und Deutschland Tausende von Opfern forderte, wandte sich ein Journalist an Clémenceau mit der Frage, ob er angesichts dieser gefährlichen Krankheit auch vorgesorgt habe.

„Fragen Sie den Politiker Clémenceau", antwortete der „Tiger", „so muß ich Sie bitten, sich an den Gesundheitsminister zu wenden. Und fragen Sie mich als Privatmann, so kann ich Ihnen verraten: Ich habe alle Verwandten, Freunde und Bekannten daran erinnert, mich in ihrem Testament nicht zu vergessen."

Georges Clemenceau. Büste von Auguste Rodin.

Als es sich in Paris herumsprach, daß der große Clémenceau im Sterben liege, versuchten Politiker aller Richtungen, sich durch eine letzte Visite bei dem Mann, den man den Retter Frankreichs nannte, ins Gespräch zu bringen. Unter diesen Besuchern war auch der Minister X., der dem „Tiger" mehr als einmal die Gefolgschaft verweigert und schamlos gegen ihn intrigiert hatte. Clémenceaus Kammerdiener meldete ihn dennoch an, aber Clémenceau drehte sich nur auf die andere Seite und stöhnte:

„Ach, jetzt kommen schon die Würmer ..."

Maria Sofia Godebska, besser bekannt als Misia Sert und unsterblich geworden als Marcel Prousts Madame Verdurin, schwankt mit ihrem Charakterbild in der Geschichte der zwanziger Jahre.

Für Cocteau und Diaghilew die Muse, für den feinnervigen Proust die penetrante Aufsteigerin, lebt sie vor allem in ihren selbstgefälligen Memoiren weiter und in den Bildern, die Bonnard, Renoir und andere von ihr gemalt haben.

Während der Sitzungen, berichtet sie, „erzählte mir Renoir von der Commune. Es war sein liebstes Thema. Dann hörte er plötzlich auf zu malen und flehte mich an, mein Dekolleté ein wenig weiter zu öffnen. ‚Tiefer, tiefer, ich bitte Sie', drängte er, ‚*mon Dieu,* warum lassen Sie Ihre Brust nicht sehen? Es ist ein Verbrechen!' Nach seinem Tod habe ich mir oft Vorwürfe gemacht, daß ich ihm seinen Wunsch nicht erfüllt habe."

Misia war überzeugt, daß sie ihren Freundeskreis nicht dem Geld ihres ersten und ihres zweiten Gatten verdanke, sondern ausschließlich ihren inneren und äußeren Vorzügen. Mrs. Gould hingegen konnte nur ihres Geldes wegen einen Comte de Castellane interessiert haben.

„Ich kann mir nicht vorstellen, Boni, daß Sie diese Frau wirklich lieben", fragte Misia taktvoll und provozierte damit eine der schönsten Aussagen zu diesem Thema:

„Ich bitte Sie, Misia", antwortete Boni de Castellane, „lieben wir nicht an jedem Menschen irgend etwas anderes?"

Claude Anet, berühmt durch den mit Elisabeth Bergner verfilmten Roman *Ariane, ein russisches Mädchen*, erschien auf einer Abendgesellschaft als einziger im Frack.

„Warum so feierlich?" erkundigte sich Misia.

„Ich gehe nachher noch zu den Murats."

„Könnten Sie mich dorthin nicht mitnehmen?"

„Aber Liebste ... die Murats gehören zur *Gesellschaft*", antwortete Claude Anet, „dort würde man Sie nie empfangen."

Misias zweiter Mann war der Millionär Edwards, der große Pariser Zeitungen besaß, aber auch beliebte Bühnen wie das *Théâtre Réjane.* Nach Jahren, in denen Misia die verwöhnteste Frau von Paris gewesen war (acht Porträts durch Renoir waren ja wohl nicht billig), verliebte sich Edwards in die attraktive Schauspielerin Geneviève Lanthelme und richtete ihr eine Prachtwohnung im Haus Nr. 29 der Rue Fortuny ein.

Misia hatte erfolglos versucht, Kleider, Frisur und Dekolletés der Rivalin nachzuahmen, und ging endlich zum direkten Angriff über. In der Wohnung der Lanthelme wurde sie auf Waffen durchsucht(!), dann nannte ihr die Schauspielerin die Bedingungen, unter denen sie Edwards den Laufpaß geben würde:

„Ihre Perlenkette, eine Million Francs – und Sie!"

Verstört enteilte Misia, wurde von einem Boten überholt und fand zu Hause einen Brief, in dem die Lanthelme die Perlenkette zurückgab und sich korrigierte: „Ich brauche auch die Million nicht – nur Sie!"

Edwards besaß eine Yacht, und sie spielt in Misias Leben eine besondere Rolle:

„Claude Anet hatte mir eine junge Tänzerin empfohlen und mich gebeten, sie bei Diaghilew einzuführen. Eines Morgens sah ich auf dem Deck des Schiffes eine junge Frau auf mich zukommen und sagte ihr, um sie zu ermuntern, sie sei entzückend. Ich hatte den Satz kaum zu Ende gesprochen, als sie vollkommen nackt vor mir stand. Mit Schwung war sie aus ihrem Kleid geschlüpft, unter dem sie rein gar nichts anhatte. Sie nahm einige sogenannte plastische Stellungen ein und deutete Tanzschritte an … Vier Jahre gingen dahin, der Krieg war ausgebrochen, Boni de Castellane führte Sert und mich zu einer indischen Tänzerin, die eigens für uns eine kleine Vorstellung geben würde. Sie erschien, mit drei Straßsternen bekleidet, aber sie hatte nicht die geringsten Fortschritte gemacht – bis auf das wohlklingende Pseudonym Mata Hari. Drei Tage später wurde sie verhaftet.“

Nach der Scheidung von Misia hatte Edwards heimlich Geneviève Lanthelme geheiratet, aber das Glück war nur von kurzer Dauer: Die schöne junge Schauspielerin fand am 25. Juli 1911 einen rätselhaften Tod im Rhein, sie war vom Deck der Yacht gestürzt. Da die Presse Gerüchte aufgriff, nach denen Edwards an diesem Tod nicht ganz unbeteiligt gewesen sein sollte, wurde ihre Gruft geöffnet; der Leichnam in dem kostbaren Totenkleid geriet durch Fackeln in Brand, die Feuerwehr setzte die Gruft unter Wasser, und die Lanthelme ertrank ein zweites Mal …

So wie die reichen Männer von Paris bildeten auch die schönen Frauen eine merkwürdige Gemeinschaft, die sich nicht immer in den verschiedenen Memoiren enthüllte, oft aber zu einem überraschenden Nebeneinander führte. So lebte La belle Otéro ebenfalls in der Rue Fortuny, und zwar in Nr. 27, und Sarah Bernhardt bewohnte das Eckhaus zur Avenue de Villiers in einem eigens für sie von dem Architekten Escalier errichteten Stadtpalais. Aber auch die schöne Liane de Pougy, Freundin des Prinzen von Wales und des Dramatikers Henry Bernstein, trat in Verbindung zu Misia und schildert in ihren Memoiren, wie die schöne Millionärin nach einer kurzen Beziehung zu Henry Bernstein von diesem beleidigt worden war und nicht an Edwards, sondern an ihren früheren Mann Thaddäus Nathanson appelliert habe, für sie einzutreten. Es kam zu einem Duell zwischen Nathanson und Bernstein, bei dem der Bühnenautor eine blutende Wunde am kleinen Finger davontrug und von Liane de Pougy als Held gefeiert werden wollte.

„An der Zunge hätte er dich verwunden sollen, du Lästermaul", sagte Liane und kränkte den Berühmten damit tödlich.

Misia Sert und die Malerin Marie Laurencin sollen den ersten Minirock von Paris geschaffen haben, als sie gemeinsam die Kostüme für das Diaghilew-Ballett *Les Biches* entwarfen und selbst zuschnitten.

„Wenn diese kleine Dame", schrieb Cocteau über die Nemtschinowa in diesem Kostüm, „auf Zehenspitzen aus den Kulissen tritt, mit ihren langen Beinen, ihrem zu kurzen Wams und die weiß behandschuhte rechte Hand wie zum Salutieren an die Wange hält, schlägt mein Herz schneller."

Paul Reboux, Sittenschilderer von nicht immer gutem Geschmack, schrieb eines der Erinnerungsbücher, aus denen sich besonders viel über die Stadt Paris und ihr Leben entnehmen läßt. Eine Szene, in der sich Frankreichs große Dichtung mit unserer Zeit auf offenem Markt trifft, schuf die unvergeßliche Comtesse de Noailles, die ihre Ode an die Volksfront vor dem Pariser Rathaus in die Mikrophone sprach.

Die Gegend liegt unweit der Markthallen, die ja damals noch ihren angestammten Platz hatten, das Publikum ist nicht literaturgewohnt, wie auf dem Linken Ufer, und so geschah es, daß die um die Dichterin versammelte Menge von einer Strophe zur anderen immer ungeduldiger und unduldsamer wurde.

Da der Französische Rundfunk die rührende Veranstaltung übertrug, die kultivierte Stimme der Comtesse und die rauhen Zwischentöne aus den Hallen („Hör schon auf ... Jetzt reicht's aber ...") konnte ganz Frankreich mitverfolgen, wie es einer Gräfin erging, als sie ihr Herz für die Linke entdeckte.

Frantz Jourdain, der Architekt der *Samaritaine,* hatte zwar hohe Auszeichnungen aus dem Siebzigerkrieg, nicht aber die *Légion d'honneur.* Da ihn nach dem Bändchen im Knopfloch verlangte, kündigte er in einer Zeitung eine Artikelreihe mit dem Thema ‚La Légion d'honneur – jene, die sie haben, und die anderen, die sie nicht haben' an, und wurde schon tags darauf vom Innenminister empfangen. Die Veröffentlichung unterblieb, Jourdain hätte auch gar nicht gewußt, was er hätte schreiben sollen. Aber am nächsten 14. Juli war er unter den Ausgezeichneten ...

Das rote Bändchen der Légion d'honneur im Knopfloch ist die Sehnsucht jedes guten Franzosen, andererseits aber auch eine jener Auszeichnungen, deren Verleihung stets stark diskutiert wurde. Erik Satie, Freund Cocteaus und heute wiederentdeckter Komponist einfallsreicher Ballett-Musiken, sagte zu diesem Thema:

„Was die Légion d'honneur betrifft, so genügt es keineswegs, sie abzulehnen: Man darf sie sich gar nicht erst verdienen!"

Der Normanne Satie wurde zwar in Paris heimisch und hatte hier den berühmt gewordenen Freundeskreis des *Bœuf sur le toit*, aber dort waren es auch die Ausländer wie Diaghilew, Strawinsky oder Picasso, die für Farbe und Abwechslung in den Gesprächen sorgten.

„Zugegeben“, sagte Satie in diesem Kreis eines Abends, „Paris ist die schönste Stadt der Welt, welche andere könnte sich mit ihr vergleichen? Aber um diese Einzigartigkeit wiederum auszugleichen, hat Gott die Pariser geschaffen und über die ganze schöne Stadt verteilt ...“

Maurice Rostand, der begabte Sohn des großen Edmond und Biograph der Sarah Bernhardt, beschrieb die einzigartige Stimmung im Paris der zwanziger Jahre mit den Worten:

„Dieaghilews *Ballets russes* legten farbige und musikalische Zauberschleier über die ganze Stadt: Nijinski tanzte, Bergson dachte, und die Gräfin de Noailles redete ...“

Im Jahr 1927 mußte der Pariser Jockey-Club, exclusiv und traditionsbewußt wie kein anderer, sein Domizil an der Rue Scribe aufgeben und suchte neue Räume. Das war die Gelegenheit, auf die ein reicher Aufsteiger, der Bankier Bamberger, gewartet hatte, und er offerierte dem Club prächtige Räumlichkeiten in Nummer 14 des Rond-Point des Champs-Elysées.

Die Clubleitung vereinigte sich zu einer Geheimsitzung.

„Das wäre ja zu schön, um wahr zu sein!“ sagte ein Mitglied.

„Die Sache muß einen Haken haben“, ergänzte ein anderes.

„Herr Bamberger“, erklärte der Herzog, der mit dem

Bankier verhandelt hatte, „offeriert uns das Haus, er würde selbst die Teppiche und die Gemälde an ihrem Platz lassen, und unser Preis wäre der seine …“

„Wenn …?“ fragten gespannt die Komiteemitglieder.

„Wenn wir ihn in den Club aufnehmen …“

Ein einstimmiger Schrei erscholl: „Niemals!“

(Darum finden wir an jener runden Ecke heute die Redaktion des *Figaro.*)

Von Gabriel-Louis Pringué sagt man in Frankreich, er sei der letzte wahre Dandy. Tatsächlich besitzt Pringué alles, was ein Mann von Welt sich nur wünschen kann: Vermögen, ein Schloß in der Bretagne, einen ergebenen Diener. Der einzige Schönheitsfehler in seiner Existenz ist sein geringer militärischer Rang: Er hat es nur zum Unteroffizier gebracht.

Einst wurde Pingué zu einer Reserveübung einberufen. Gefolgt von seinem Diener, der die Koffer trug, betrat er den Gare de l'Est und wollte im Restaurant noch eine Kleinigkeit essen, ehe der Zug abfuhr. Am Tisch eines Majors war ein Platz frei. Pringué trat hinzu und fragte höflich, ob er sich setzen dürfe.

„Leider sind Sie Unteroffizier, mein lieber Pringué“, antwortete der Offizier, „so ist es unmöglich. Wären Sie in Zivil – herzlich gerne.“

„Wenn das so ist, dann nehmen Sie den Platz, Jean“, sagte Pringué zu seinem Diener, „essen Sie mit dem Herrn Major, ich gehe ans Buffet.“

Claire Goll hat es erreicht, daß ihr Mann Yvan auf dem Père Lachaise beigesetzt wurde, das Grab liegt sogar in der Nähe der Ruhestätte Chopins. Die Hauptschwierigkeit – man erinnert sich – hatte nicht etwa darin bestanden, daß irgend jemand in Paris Yvan Goll für unwürdig hielt, dort zu liegen, sondern lediglich in

Auguste Renoir, Moulin de la Galette (Ausschnitt).
Öl auf Leinwand, 1876. Paris, Musée d’Orsay.

Edouard Manet, Nana (Ausschnitt).
Öl auf Leinwand, 1877. Hamburg, Kunsthalle.

dem eigenwilligen Grabmal, das Claire bestellt hatte: einem steinernen Liebespaar von starker erotischer Ausstrahlung.

Befriedigt berichtet Claire von ihrem Sieg über Prüderie und Vorurteile und schließt:

„Jetzt muß ich nur noch ein Gitter um das Grabmal machen lassen. Denn stellen Sie sich vor: die Leute, die da auf dem Père Lachaise umherwandern, wenn die müde werden ... die kommen ganz einfach und setzen sich auf uns."

Jacques Robert, der mit etwa zwanzig Titeln an der Spitze der Produzenten literarischen Humors in Frankreich steht, erzählt, wie er bei seinem Debüt als Autor für eine Lido-Revue scheiterte:

„Am Lido, *mes amis,* gibt es bekanntlich zwei Truppen. Die phantastisch gedrillten Bluebell-Girls, langbeinig, sexy, aber hochanständig, jede zweite ist noch Jungfrau. Und daneben die *femmes nues,* meistens keine Mädchen, sondern hübsche junge Frauen, die nackt auftreten. Für eine von ihnen, Antoinette-les-Lunettes, schrieb ich einen Sketch, bei dem sie nackt bis auf ihre Brille und die weißen Handschuhe, auftreten sollte, an einem herrlichen Konzertflügel Platz nehmen und mit einigen komischen Unterbrechungen die Mondscheinsonate spielen."

„Das ist doch sehr hübsch ... Woran ist denn die Sache gescheitert?"

„Dumme Frage!" erboste sich Jacques Robert. „Haben Sie schon jemanden mit Handschuhen Klavier spielen sehen?"

Eugène Ionesco, französisch schreibender und in Paris lebender rumänischer Dramatiker, erzählte in der *Maison du Café* einem Freund einen Traum:

„Ich wohne bei einer blonden Frau, die ich aber nicht identifizieren kann. Sie ist eine Dame der Gesellschaft, denn sie trägt, obwohl sie nackt ist, weiße Handschuhe. In diesem Aufzug geht sie mit mir aus ..."

„Herrlich ... Das ist doch ein schöner Traum Eugène!"

„Gar nicht. Ich habe überhaupt nichts davon gehabt. Ich habe mich in einem fort gefragt: Warum gehe ich Trottel mit diesem Prachtweib aus, warum bleiben wir nicht einfach zu Hause?"

Céline, der große Menschenverächter, wird von einem Polizisten gestoppt:

„Warum halten Sie nicht, wenn ich hinter Ihnen herpfeife?"

„Ach, das war ein Pfiff?" antwortet Céline verblüfft. „Ich hatte es für den Todesschrei eines Überfahrenen gehalten!"

Das Théâtre de l'Odéon, an dem nach Antoine auch Jacques Copeau Regie führte, brachte einmal eine besonders strenge, auf jegliche Ausstattung verzichtende Aufführung des *König Lear* heraus.

In seiner Enttäuschung suchte Léon-Paul Fargue Trost in der nahegelegenen Buchhandlung *Les amis des livres* und sagte zu Adrienne Monnier:

„Ich werde dieses Theater umtaufen. Für mich heißt es künftig: *Les Folies calvinistes.*"

Gegenüber von Adrienne Monnier war die angloamerikanische Buchhandlung *Shakespeare and Company* in einen früheren Antiquitätenladen eingezogen. Die Buchhandlung wurde sehr schnell zum Treffpunkt der in Paris weilenden Amerikaner, aber auch zu einem

Lieblingsaufenthalt von James Joyce, den die Inhaberin, Sylvia Beach, sehr verehrte.

Sie brachte auch seinen *Ulysses* heraus, ein Buch, das auf den Druckfahnen ein zweites Mal entstand. Die kleine Provinzdruckerei, die das schwierige Manuskript setzte, mußte nämlich dem Autor stets mehrere Fahnenexemplare schicken, damit er Platz habe für seine Veränderungen des ursprünglichen Textes ...

Als Treffpunkt für Hemingway, Scott-Fitzgerald, Ezra Pound und andere wurde die Buchhandlung in der Rue de l'Odéon bald so berühmt wie einst Kanter in Königsberg oder Heckenast in Budapest. Erik Satie, der ein wenig englisches Blut hatte, hielt sich auch gerne bei Sylvia auf und sah ihr einmal über die Schulter, als sie ihre Korrespondenz erledigte.

„Geschäftsbriefe", sagte er, „sind die beste Art von Schriftstellerei. Man hat etwas zu sagen, man sagt es tatsächlich, und das Ganze hat einen klaren Zweck."

Bei Sylvia Beach erzählte André Gide einen Jugendstreich, den er mit einem seiner Freunde ausgeheckt hatte. Es war in der Rue de Tournon (im Haus Nr. 2, das auch Balzac bewohnt hatte), die Hausmeisterin besaß eine Schildkröte namens Aglae, die sie zärtlich liebte, und Gide erstand von seinem Taschengeld eine etwas größere Schildkröte, die er heimlich gegen Aglae austauschte. Gemeinsam mit seinem Freund suchte er nach immer größeren Exemplaren, so daß sich die Hausmeisterin vor Staunen und Begeisterung über Aglaes Wachstum nicht zu fassen wußte – bis den Freunden das Geld ausging. Sie mußten die letzte und größte Schildkröte wieder verkaufen, und eines Morgens war, klein, alt und verschrumpelt, die wahre Aglae wieder da.

Die Concierge, die nichts mehr begriff, erlitt einen so

schweren Schock, daß sie ihr Amt in der Rue de Tournon aufgab und aufs Land zog ...

„An sich", setzte Sylvia Beach hinzu, wenn sie diese Geschichte erzählte, „war Gide sehr gütig. Es geschah häufig, daß er vor seiner Tür gestrandete junge Schriftsteller in seine Wohnung nahm und zum Essen einlud. Aber jede Bindung verdroß ihn, und er schüttelte sie rasch wieder ab. Er tat alles für seine Freunde, aber nicht, wenn sie versuchten, ihn festzunageln. Er konnte dann zeitweise sehr grausam sein. So kam er zum Beispiel, wie Larbaud mir erzählte, einfach nicht zum Zug, mit dem er und Valéry Larbaud gemeinsam hätten nach Italien fahren sollen. Das verletzte Larbaud sehr."

Aus den Büchern Henry Millers, Hemingways, der Gertrud Stein und anderer kennen wir das Leben jener Gruppe amerikanischer Autoren oder angehender Schriftsteller, denen Paris in den zwanziger Jahren zu einer zweiten Heimat wurde. Eine der genialsten Erscheinungen in dem großen Freundeskreis war der früh verstorbene John Scott-Fitzgerald, und er war es, den die wohlhabende Schriftstellerin Edith Wharton eines Tages auf ihr Landhaus nahe bei Paris einlud.

Entschlossen, die Dame zu schockieren, berichtete der oft unter Alkohol stehende Dichter, daß er und seine Frau nach der Ankunft in Paris zunächst vierzehn Tage lang in einem Bordell Wohnung nehmen mußten.

Edith Wharton aber ließ sich nicht verblüffen. „Interessant", sagte sie höflich, „was tut man eigentlich so den ganzen Tag in einem Bordell?"

Hemingway und Scott-Fitzgerald saßen, wie an vielen Abenden, in der Coupole und starrten die hübschen Modelle vom Montparnasse an, die mit ihren wohlhabenden Verehrern unendliche Menüs zu sich nahmen.

„Die Reichen", seufzte Scott-Fitzgerald, „sind ganz anders als wir!"

„Und ob", pflichtete Hemingway ihm bei, „sie haben eben mehr Geld."

Unvergessen und ungeklärt ist der Fall Minou Drouet, einer erstaunlichen literarischen Frühbegabung im Paris der fünfziger Jahre. Noch mehr belacht als sie bestaunt wurde, ist allerdings jene Parodie auf Minou, die als ihre angebliche Autobiographie mit dem Satz beginnt:

„Während ich in einem heißen und stickigen Pariser Sommer, in einer schutzigen Straße von Menilmontant zur Welt kam, amüsierte sich meine lebenslustige Mutter gerade an der Riviera ..."

Als Minou Drouet, das Pariser Wunderkind, achtzehn Jahre alt wurde, war es mit der literarischen Karriere vorbei, dafür aber durfte sie einen Teil des verdienten Geldes in ein Auto stecken und Fahren lernen.

Wenige Wochen später stand sie auch schon vor Gericht.

„Mademoiselle Drouet", sagte der milde Richter, „Sie haben in einer einzigen Woche nicht weniger als fünf Passanten überfahren. Das ist entschieden zuviel!"

„Das sehe ich ein, Monsieur le Juge", stammelte Minou, „wie viele sind denn gestattet?"

Françoise Sagan ruft André Roussin an, um sich bei dem bekannten Komödienschreiber einen Rat zu holen.

„Ich soll ein Stück liefern, André, und mir fällt nichts

ein ... Sie haben doch sicher eine kleine Idee, die mir weiterhelfen könnte ...?"

„Aber sicher, meine Teure", antwortet Roussin, „schreiben Sie mit: Da ist ein Mann, der liebt eine Frau, aber ..."

„Vielen Dank, André", schreit Françoise, „das reicht schon; alles Weitere weiß ich selbst!"

Paul Claudel war nicht nur an einer Reihe von Firmen beteiligt, die mit der deutschen Besatzungsmacht Geschäfte gemacht hatten, er machte auch aus seiner eigenen Abneigung gegen die linksorientierte französische Widerstandsbewegung kein Hehl. Es war daher nicht einfach gewesen, den Dichter, der neben fünf herrlichen Oden immerhin den *Seidenen Schuh* geschrieben hatte, zwei Jahre nach der Befreiung in die *Académie Française* aufzunehmen.

Wütend über den sehr lauen Beifall bei seiner Inthronisation zischte Claudel:

„Am liebsten würden sie jetzt alle mit den Zähnen knirschen, aber dazu waren ihre künstlichen Gebisse zu teuer!"

Einer der bösesten Witze aus den *Nouvelles Littéraires:*

Am Tag nach dem Tod von André Gide erhielt Paul Claudel ein Telegramm mit folgendem Text:

Mon cher confrère, ich hatte recht: Gott existiert nicht. Sie können lockerlassen. Informieren Sie auch Mauriac. *Salutations:* André.

Zu einer Neuinszenierung des *Seidenen Schuhs* kam Gabriel Marcel von seinem südfranzösischen Schloß nach Paris.

„Ich mußte einfach kommen", sagte er zu seinem Nachbarn beim Festbankett, „denn schließlich gibt es in unserem Land nur drei wirklich große Dichter: Gide, der eben von uns gegangen ist, mich selbst, den ich in aller Bescheidenheit dazu zählen muß, und Paul Claudel, den ich als dritten nenne, weil er diese Worte vielleicht hören kann."

Nach dem Tode des katholischen Erzpoeten und Großaktionärs Paul Claudel machte in Pariser Literatencafés folgende Geschichte die Runde:

Claudel kommt in den Himmel. Man zeigt ihm, dem prominenten Ankömmling, die wichtigsten Räumlichkeiten und schließlich auch die große Konzerthalle mit unendlich vielen Sitzen. Auf einem Orchesterfauteuil steht ein Schildchen Paul Claudel, auf dem Fauteuil daneben André Gide.

„Wie konnten Sie nur Gide neben mich setzen!" entrüstete sich Claudel. „Was hat der überhaupt im Himmel zu suchen?"

„Leider ging es nicht anders", antwortet höflich der führende Engel, „Gide wurde befragt, was für ihn wohl das schlimmste Los wäre. Er antwortete: ‚Eine Ewigkeit lang neben Claudel zu sitzen.' Und da er zur Höchststrafe verurteilt war ..."

In den alten Jahrgängen der *Nouvelles Littéraires*, noch heute eine informative und unterhaltsame Lektüre, findet sich auch eine Umfrage bei bekannten Autoren: „Welches Ihrer Werke halten Sie für Ihr Meisterwerk?"

Victor Margueritte nannte *La Garçonne*, Henri Troyat *L'araigne*. Claudel jedoch schrieb:

„Ihre Anfrage erfüllt mich mit Befremden. Sie sollten doch wohl wissen, daß alle meine Werke Meisterwerke sind."

Zu den wenigen gläubigen Christen, mit denen André Gide freundschaftlich verkehrte, gehörte der aus Amerika stammende, aber französisch schreibende Romancier Julien Green. Als er einmal Gide besuchte, blieb er nachdenklich vor einem der hohen Bücherregale stehen und sagte:

„Da steht ja ein Band Claudel! Sie hüten also auch die Geistesprodukte Ihrer schärfsten Widersacher?"

„Sagen wir lieber: Sie lassen nicht von mir", antwortete Gide mit einem kleinen Lächeln. „Verleihe ich ein unanständiges Buch, so kann ich Gift darauf nehmen, daß es für immer verschwunden bleibt. Diesen Claudel-Band habe ich jedoch schon mindestens sechsmal verliehen, und doch ist er jedesmal wieder zu mir zurückgekehrt."

Unter Dramatikern ist man bekanntlich beinahe so eifersüchtig wie unter Fakultätskollegen. Darum konnte auch Jean Cocteau den Spott nicht lassen, als man ihm zutrug, der bejahrte Marcel Achard habe eine blutjunge und wunderschöne Schauspielerin gefunden, die fortan sein Bett teilen werde.

„Achard ...?" rief Cocteau. „Ausgeschlossen. Bei dem schläft doch nur das Publikum."

Nach dem Erfolg seines Romans *Schau heimwärts, Engel* machte Thomas Wolfe eine Europareise, bei der er auch einige Monate in Paris blieb. Obwohl ihm gleich bei der Ankunft ein Koffer mit Manuskripten gestohlen wurde, fühlte der hünenhafte Amerikaner sich sehr wohl in der Seinestadt, in der man ebensogut essen wie trinken konnte, und er kehrte selten vor dem Morgengrauen in sein Hotel zurück. Eines Nachts hatte er sich in einem der kleinen Lokale auf dem Montparnasse so angetrunken, daß er beim besten Willen nicht mehr wußte, wie er heimkommen sollte. Er torkelte auf einen anderen Nachtwanderer zu und fragte:

„Please ... hick ... Wo bin ich hier?"

„An der Kreuzung Boulevard Raspail und ..."

„Oh, bitte", unterbrach ihn Wolfe, „keine Details ... Der Name der Stadt genügt mir!"

Der vor einigen Jahren verstorbene französische Schriftsteller Jean Giono vertraute eines Tages einem Freund an, daß er 25 Jahre gebraucht hatte, um festzustellen, daß er kein Talent habe.

„Und da hast du nicht aufgehört zu schreiben?" fragte der Freund.

„Wie konnte ich?" antwortete der Schriftsteller. „Mittlerweile war ich ja berühmt geworden!"

Foujita verdiente viel Geld, er malte seine schöne Frau Youki, was soviel heißt wie Schnee, und kümmerte sich im übrigen nicht um sein Gastland Frankreich. Briefe vom Steueramt warf er weg, und wenn seine Freunde ihm rieten, sich mit dem Fiskus zu einigen, sagte er: „Was wollt ihr? Das ist so ein weißer Dreh, die Steuer, ich habe nichts damit zu tun."

Schließlich war es soweit: Foujita wurde gepfändet, Haus, Auto, Gemälde und Kunstgegenstände wurden verkauft, und die schöne Youki mußte in einer kleinen Wohnung in der Rue Lacretelle für den großen Maler kochen. Sie blieb tapfer, er aber floh nach Japan, ließ sie und die Steuerschuld zurück und kam erst zwanzig Jahre später, 1950, wieder nach Paris. Er malte, was er immer gemalt hatte: große, blonde Frauen mit einer Haut wie Schnee, Frauen die seiner Youki glichen.

„Du hast dich gar nicht verändert", sagten ihm seine Freunde, und der kleine Japaner lächelte traurig:

„Ich weiß, was ihr meint ... Ich hätte mich in diesen

zwanzig Jahren künstlerisch weiterentwickeln sollen ... Aber dazu hätte ich hierbleiben müssen, in Paris, denn Entwicklung, das ist auch so ein weißer Dreh."

Robert Desnos war mit einer sehr schönen Frau verheiratet, die nur den einen Tick hatte, täglich mehrere Stunden im Bad zuzubringen. Da man in Paris der zwanziger Jahre Bizarrerien liebte, kam sie auf den Gedanken, ihre Gäste im Bad zu empfangen, und da Desnos einen befreundeten Chemiker gebeten hatte, ihm ein Pülverchen zusammenzusetzen, das das Badewasser undurchsichtig machte, gingen die Empfänge von Madame stets im gleichen Rahmen, in ihrem marmornen, eindrucksvoll verglasten Badezimmer in Szene, wobei sie, munter plaudernd, nur ihre makellosen Schultern zeigte.

Das ging so lange gut und war schon beinahe nicht mehr Stadtgespräch, bis der Maler Foujita, erster Gatte von Madame Desnos, asiatisch-tückisch ebenfalls mit einem Pülverchen ankam. Dieses streute er während solch einer Gesellschaft, als die Badewanne eben besonders umdrängt war, ins milchig-grüne Wasser, und siehe da, es wurde kristallklar.

Madame Desnos, so schön sie auch war, verzichtete fortan auf Empfänge in der Badewanne.

Maurice Sachs, sanfter Frauenhasser aus Passion für das eigene Geschlecht, litt täglich furchtbar in der Metro (weil er nicht, wie Cocteau und Montherlant, Geld genug für ein Taxi hatte). Wieviel Weiblichkeit wogte da um ihn her, wie obstinat entblößten Dutzende junger Sekretärinnen ihre Beine, wie unerträglich preßten sich Damen jeglichen Alters gegen seine Vorder- und seine Kehrseite.

Auf einer dieser schrecklichen Fahrten drängte ihm ein Rubensmodell seinen wogenden Busen immer wieder unter das Kinn, bis Maurice Sachs, am Ende seiner Kraft, ächzte:

„Mademoiselle, können Sie nicht aufhören zu drängeln?"

„Aber Monsieur, ich drängle doch nicht ... ich atme!"

André Malraux hatte zwar einen großen Namen, seine Bücher atmeten aber soviel revolutionären Geist, daß man ihm bei den Neuwahlen in die *Académie Française* stets ruhigere Talente vorzog.

Bei einer Sitzung des französischen Parlaments kam es zu einem heftigen Streitgespräch zwischen Malraux und dem Abgeordneten Cornu, der als einstiger Staatssekretär für Kultusangelegenheiten dem Minister mit zahllosen Details hart zusetzte.

„Aber ich bitte Sie", rief Malraux schließlich wütend, „wenn Haarspaltereien dieser Art zur Sprache kommen ... da könnte man ja glauben, man sei in der *Académie Française* ..."

Darauf ein Zwischenruf von links: „Das würde dem Herrn Minister so passen!"

In vielen Pariser Hotels sind die Fahrstühle klappernde Käfige, die ihren Benützern intensive Angstgefühle einflößen. Darum vergewisserte sich Orson Welles, ehe er den Lift bestieg, daß auch alles glatt gehen würde, und fragte den Boy:

„Dein Lift funktioniert doch, oder ...?"

Der Junge trat einen Schritt zurück, maß die Konturen des Dreihundert-Pfund-Regisseurs und seufzte: „Wir wollen es immerhin hoffen, Monsieur!"

Ein neues Stück von Anouilh geht über die Bühne. Das Theater tobt vor Begeisterung, jeder Gag kommt an, das Publikum quittiert entzückt alle Pointen mit langen Lachsalven. Strahlend steht der Autor in der Kulisse, drückt seine Brille gegen die Gucklöcher und späht in den Zuschauerraum, in dem Hunderte außer Rand und Band sind.

„Da oben“, ruft er plötzlich erbost, „da oben sitzt doch mitten im ersten Rang eine Dame, die keine Miene verzieht ... Die tut das absichtlich ... die ist bezahlt. Sie müssen herauskriegen, Herrn Direktor, wer diese Frau ist.“

Ein höflicher Sekretär wird auf den Rang geschickt, wartet die Pause ab und nähert sich dann der Dame.

„Darf ich mir die Frage erlauben, Madame, warum Sie an dem Stück so offensichtlich keinen Anteil nehmen? Es ist doch heiter, alles lacht, Ihre Nachbarn zur Linken und zur Rechten waren außer sich vor Vergnügen!“

„Aber ich nicht, junger Freund“, antwortete die Dame mit Grabesstimme, „sehen Sie nicht, daß ich in Trauer bin?“

Eine Premiere quält sich dahin, nach dem ersten Akt knapper Beifall, nach dem zweiten ein paar Klatscher, nach dem dritten eisiges Schweigen.

„Was nun?“ jammert der Dichter in der Garderobe von Louis Jouvet, der sich gelassen abschminkt. „Nach so einem Durchfall muß ich mich ja erschießen!“

„Sie haben's gut“, antwortete Jouvet, „ich aber, ich muß jetzt binnen drei Tagen eine neue Rolle lernen!“

In ihren Memoiren erzählt Martine Carol, daß sie zu Beginn ihrer Karriere einen Selbstmordversuch unternommen habe. Sie sei damals von einem tapferen Pariser Taxifahrer namens Fahy gerettet worden. Die Memoiren liefen in einer großen Pariser Wochenzeitung, und am Tage nach dem Erscheinen dieser Fortsetzung konnte sich Fahy der Glückwünsche seiner Kollegen kaum erwehren.

„Sieht man dir gar nicht an!“ sagte schließlich einer. „Immerhin hättest du bei der Gelegenheit auch ertrinken können!“

„Das wohl nicht“, wandte Fahy ein, „aber um meine Knochen hatte ich Angst, als ich zu Madame Carol ins Wasser sprang – es ging ihr nämlich nur bis zu den Knien.“

Es währte lange, ehe sich der geniale Illustrator Grau-Sala auch als Maler durchsetzte. Als es soweit war, vereinigte die Galerie Drouant etwa fünfzig Gemälde des Meisters, und Grau-Sala wurde mit einemal von den Journalisten umschwärmt.

„Nun sind Sie wohl sehr stolz, Meister?“ erkundigte sich die Reporterin eines Gesellschaftsblattes.

„Ein wenig stolz bin ich jetzt schon“, antwortete Grau-Sala, „aber das ist gar nichts gegen den Stolz, den ich in mir hatte, als der Erfolg noch auf sich warten ließ. Vor dreißig Jahren sah ich einmal einen großen rothaarigen Herrn eine meiner ersten Landschaftsstudien aus Barbizon kaufen und mit einem Scheck bezahlen. Ich fragte den Kunsthändler, wer das sei. ‚Den kennst du nicht? Das ist Lindbergh, er ist im Flugzeug über den Ozean gekommen!‘ ‚So eilig war es doch nicht‘, sagte ich. ‚Diese Landschaft hätte er auch noch gekriegt, wenn er den Dampfer genommen hätte.‘“

Wie viele im Innersten unsichere Menschen gab Marcel Proust unverhältnismäßig hohe Trinkgelder. Eines Abends, nach einem Essen im Ritz, war Proust auf diese Weise seine ganze Barschaft losgeworden und wandte sich am Ausgang an den Portier mit der

Bitte, ihm einen Louisdor vorzustrecken. Da Proust als guter Gast bekannt war, beeilte sich der Portier, dieser Bitte nachzukommen, und zückte seine Börse, aber der Dichter nahm das Geld nicht an:

„Vielen Dank, mein Lieber", sagte er, „Sie können das Geld behalten. Ich brauchte es nur, um es Ihnen geben zu können!"

Angeregt durch einen Sketch, den das Pariser Théâtre Dounou gespielt hatte, war ein Einbrecher auf den Trick verfallen, zwei Verkäuferinnen eines Juwelierladens, den er eben ausgeraubt hatte, mit vorgehaltener Pistole zu einem ebenso unfreiwilligen wie kompromißlosen Striptease zu veranlassen, damit sie ihm nicht nachlaufen könnten.

Zehn Minuten später war die Polizei da. Indigniert ließ der Kommissar den Blick zwischen den beiden Verkäuferinnen, einer älteren und einer jungen, hin- und herwandern, und sagte dann:

„Daß Madame nicht ohne Kleider auf die Straße lief, das kann ich verstehen, aber Sie, Mademoiselle, Sie hätten der öffentlichen Sicherheit schon dieses Opfer bringen können!"

„Wenn Sie annehmen, das hätte irgendeinen Sinn gehabt, kennen Sie die Pariser schlecht, *Monsieur le Commissaire*", antwortete schnippisch das Mädchen hinter dem Ladentisch. „Wäre ich nackt auf die Straße gelaufen – glauben Sie mir: dann wäre niemand imstande gewesen, Ihnen eine Personbeschreibung des Täters zu liefern!"

Der vollendetste Snob in der französischen Literatur unseres Jahrhunderts war Louis Frick, der nach dem Kalenderheiligen Ludwig von Gonzaga getauft worden war und sich daraus den wohlklingenden

Schriftstellernamen Louis de Gonzague Frick zurechtgezimmert hatte. Frick haßte die Masse, sah in der Literatur eine Angelegenheit der Elite und war darum entsetzt, als André Warnod ihm freudestrahlend erzählte:

„Stellen Sie sich vor, Frick, das Millionenblatt *Journal* hat meinen Roman zur Veröffentlichung angenommen!"

„Jammerschade!" antwortete Frick. „*Niemand* wird Sie lesen ... Hätten Sie ihn doch einer literarischen Revue gegeben!"

Auch beim Militär ging Frick nicht von seinen Grundsätzen ab. Als er seinem Hauptmann die Meldung zu überbringen hatte, daß die Deutschen angreifen, tat er dies in der sprichwörtlich gewordenen Form: „*Mon Capitaine, Messieurs les Allemands attaquent!*"

Aus den Tagebüchern André Gides weiß man, daß er besonders mit André Malraux eng zusammenarbeitete und ihm zum Beispiel seinen berühmten Roman *Die Falschmünzer* Seite für Seite vorlas, ehe er ihn in Satz gehen ließ. Bei einem Gespräch warf Gide dem jüngeren Freund vor, daß alle seine Personen auffallend intelligent seien und in Malraux' Romanen Dummköpfe so gut wie völlig fehlten.

„Dummköpfe in meinen Büchern, das wäre noch schöner!" entrüstete sich Malraux. „Schließlich schreibe ich doch nicht, um mich zu ärgern, und mein Bedarf an Idioten ist durch die Wirklichkeit mehr als gedeckt!"

Das Großkreuz der Ehrenlegion kann nur durch Ministerratsbeschluß verliehen werden, wobei allerdings Debatten nicht üblich sind. Darum wurde auch nur leises Murmeln vernommen, als General de Gaulle vorschlug, dem Schriftsteller und Nobelpreisträger François Mauriac diese hohe Auszeichnung zuteil werden zu lassen.

„Ich verstehe nicht, was es da zu raunen gibt, meine Herren", sagte der General indigniert, „Mauriac ist doch gewiß der größte lebende französische Schriftsteller ..."

Jemand räusperte sich, und de Gaulles Blick fiel auf seinen treuen Mitstreiter, den Kultusminister, Romancier und Essayisten André Malraux.

„Der größte lebende französische Schriftsteller ... unter anderen", verbesserte sich der General.

Pierre Benoit, dem seine Abenteuerromane ein Vermögen eingebracht hatten, verspätete sich auf dem Weg in die *Académie Française* und mußte ein Taxi nehmen. Als sie am Ziel waren, fragte der Fahrer neugierig:

„Gehören Sie da hinein?"

„Gewiß", antwortete Benoit belustigt, „da gehöre ich hinein."

„Da kriegen Sie wohl eine Menge Geld, nicht wahr?"

„Sechzig Francs im Jahr", antwortete Benoit wahrheitsgemäß, denn die Mitgliedschaft in der Akademie ist noch immer ein Ehrenamt.

Nachdenklich betrachtete der Taxifahrer den Schriftsteller und meinte schließlich besorgt:

„Wenn das so ist mit der Akademie, dann kann ich nur hoffen, daß das nicht Ihr einziger Job ist!"

Sacha Guitrys Eltern waren geschieden und lebten getrennt. Sacha wohnte bei seinem Vater Lucien und besuchte seine Mutter nur ganz selten. Eines Tages sagte sie nachdenklich:

„Du wirst deinem Vater immer ähnlicher!"

„Ach", meinte Sacha verblüfft, „so kennst du also Papa?"

Henri de Toulouse-Lautrec, La Revue Blanche.
Lithographie, 1895.

Gustave Caillebolte, Straße im Regen.
Öl auf Leinwand, 1877. Paris, Musée Marmottan.

Nach seiner dritten Scheidung erklärte Sacha Guitry den Freunden, die ihn zu Gericht begleitet hatten, hoheitsvoll: „Neben dem Erwerb eines Vermögens ist eine rechtzeitige Scheidung der wichtigste Schritt zur Erlangung der Unabhängigkeit."

„Und was wirst du mit dieser Unabhängigkeit jetzt anfangen?" erkundigte sich vorsichtig einer der Freunde.

„Nun, was ein Mann eben tut, wenn er sich eben von einer Fessel befreit hat: er sieht sich schleunigst nach einer neuen Leidenschaft um, deren Sklave er werden könnte!"

Josse und Gaston Bernheim, die berühmten Pariser Kunsthändler, erzählen gern die Geschichte, wie ihnen ihr Vater von einem Tag zum anderen die Kunsthandlung übergab und sich von den Geschäften zurückzog.

Er hatte viel Geld mit jener Salonmalerei gemacht, die von guten Technikern verfertigt war, doch vor allem mit spekulativen Frauenakten und gewagten Genreszenen arbeitete. Die Impressionisten bedrohten auf breiter Front jene etablierte, akademische Malerei, und Bernheim Senior hatte seinen Söhnen strikt verboten, ein Bild der neuen Richtung in den Laden zu nehmen.

Eines Tages entdeckte er aber doch eines, wohlverborgen, und machte den Brüdern eine große Szene, worauf diese ihn baten, in einen Test zu willigen und das Bild ins Fenster stellten – es wurde schon am nächsten Tag verkauft. Bernheim Senior erkannte die Wandlung des Publikumsgeschmacks und dankte ab.

Die Brüder Bernheim waren mit Sacha Guitry gut befreundet und verhalfen ihm, der nur zeitweise Geld besaß, zu einer schönen Gemäldesammlung (in der sich freilich auch viele Geschenke der Künstler befanden). Eines Tages hatten sie Manets *Bar der Folies Bergère* im Laden und boten es Sacha Guitry an, im Tausch gegen einige kleinere Bilder aus seinem Besitz. Da Guitry diese Bilder jedoch liebte und um sich haben wollte, ging er auf das sehr vorteilhafte Angebot nicht ein, und darum hängt dieses Bild Manets, eines der berühmtesten des Impressionismus, heute in London.

Das unentbehrliche Requisit der Boulevardkomödie ist der Ehebruch in allen Variationen, bis hin zum mißglückten Versuch. Um diese unterhaltsame Monotonie zu rechtfertigen, veröffentlichte der große Autor und Komödiant Sacha Guitry die folgende Liste:

„Voltaire überraschte Madame du Châtelet, seine Geliebte, in flagranti.

Alfred de Vigny wurde von Madame de Dorval betrogen.

Flaubert wurde von Louise Colet fertiggemacht, Baudelaire von Jeanne Duval.

George Sand betrog (unter anderen) Alfred de Musset, und die Liebesgeschichten des armen Paul Verlaine sind überhaupt die traurigsten. Ich besitze einen Brief von ihm, der beginnt *Ma chère Hortense* und endet: *Au revoir, ma chère Adèle.*"

Das charmanteste Argument für den Dual, den es im Französischen ebensowenig gibt wie im Deutschen, hüllt Sacha Guitry in die folgende kleine Geschichte:

Sie hatte, ehe sie mich kennenlernte, zwei Liebhaber gehabt. Ich wußte es, und sie wußte, daß ich es wußte. Und sie sagte ohne Verlegenheit:

„Gewiß, zwei ... Mein Gott, das ist doch nicht viel."

Ihr Gesichtsausdruck deutete an: Es sei das absolute Minimum.

„Immerhin", fuhr sie fort, „gibt es Ihnen das Recht, von meinen Liebhabern zu sprechen ... In der Mehrzahl ... Aber es ist wirklich schade, daß zwei schon den Plural verlangen!"

Fünf Ehen und ein großzügiger Lebensstil hatten Sacha Guitry zu rastloser Arbeit gezwungen, und als er schließlich krank wurde, brach das ganze kostspielige Gebäude zusammen. Die Steuer meldete sich mit gigantischen Forderungen, zwei Modehäuser präsentierten große Rechnungen, kurz, es brannte an allen Ecken und Enden. Nun mußten doch einige Bilder verkauft werden, ein Modigliani, ein Cézanne, ein Porträt von Edouard Manet, aber Sacha Guitry nahm davon nicht mehr viel wahr.

Die Agonie begann am 20. Juli 1957, das Fieber stieg auf 41 Grad, Sacha Guitry hielt sich zeitweise für Talleyrand, eine Person, die er wiederholt auf der Bühne und im Film verkörpert hatte, und schließlich hielt er im Delirium eine Abschiedsrede an das Publikum:

„Du großes, herrliches Publikum, dir verdanke ich alles!"

Die französische Komödie, ja vielleicht der ganze französische Humor wären undenkbar ohne die unglückliche Figur des betrogenen Ehemanns, *le cocu.*

Als Alphonse Allais gestorben war, heiratete seine Witwe nach einiger Zeit einen Monsieur Bertrand, der zwar kein Allais war, aber die Gabe des unerwarteten Bonmots ebenfalls besaß. Eines Abends, als er eben bei *Maxim's* gegessen hatte, kreuzte er in der Türe ein elegantes Paar, aber die Frau war sehr häßlich.

„Mein Bester", sagte Bertrand, „wenn Sie es zum Cocu bringen wollen, sollten Sie sich eine andere Frau suchen."

Für die Pariser studentische Jugend sind die Professoren zeitweise nichts anderes gewesen als *une bande de cocus.* Als eine Feier an der Sorbonne mit den Einzug des Professorenkollegiums begann, sagte ein Student etwas zu laut zu einem Kommilitonen:

„*Voilà les cocus.*"

Der Rektor hörte das unbedachte Wort, wandte sich dem jungen Mann zu und antwortete:

„Oh bitte – wir sind nur eine Abordnung!"

Simone Signoret zählte, wie man weiß, zu jener Gruppe französischer Künstler und Intellektueller, die verhältnismäßig häufig mit der französischen Linken gemeinsame Sache machten, wenn es galt, Unterschriften zu geben oder Wohltätigkeitsveranstaltungen zu bestreiten. Bei einer dieser Gelegenheiten glaubte ein Redakteur der *Humanité* Simone Signoret dadurch gefallen zu können, daß er sich über Gott lustig machte.

„Hören Sie bitte auf mit Ihren Späßen", sagte Simone Signoret statt mitzulachen, „Gott ist für mich wie ein guter alter Freund. Ich besuche ihn wohl nicht mehr, aber dennoch will ich nicht, daß man schlecht von ihm spricht."

In den letzten hektischen Jahren vor der Ära de Gaulle erzählte man Friedrich Sieburg in Paris die Geschichte des Abgeordneten P., der seines Alters wegen während der endlosen Kammerdebatten immer wieder einschlummerte.

„Da hat er wohl einmal vergessen, für seine Partei zu stimmen?" fragte Friedrich Sieburg.

„Wenn's nur das gewesen wäre! Als er einmal aus einem längeren Schlaf erwachte, war er dreimal Minister und zweimal Staatssekretär für die Kolonien gewesen und hatte nichts davon bemerkt!"

Der große katholische Romancier François Mauriac blieb bis ins hohe Alter geistig rege, kritisch und scharfzüngig. Nach dem großen Verkaufserfolg der Jesus-Biographie von Daniel-Rops erschien die Frau des Gelehrten bei einem literarischen Empfang in einem prachtvollen Nerz.

Mauriac trat auf sie zu, strich zärtlich über die Haare des Mantels und sagte leise:

„Der Herr hat's gegeben ..."

Eine gewisse Verlegenheit bedeuten bei allen literarischen Empfängen in Paris jene alten Generäle, die nie etwas anderes als ihre Memoiren oder kriegsgeschichtliche Erörterungen veröffentlicht haben, aber verlangen, zur Literatur gezählt zu werden. Einer dieser betagten Herren riß auf einem Empfang des Verlages Gallimard das Wort an sich und verkündete, daß Algerien nur mit Waffengewalt gehalten und vor dem Bolschewismus gerettet werden könne.

„Gewiß kann man allerlei mit Bajonetten erreichen, *mon Général*", sagte höflich der Gallimard-Cheflektor und Zazie-Schöpfer Queneau, „bloß eines kann man bestimmt nicht: auf ihnen sitzen!"

Als Coco Chanel ihre Frühjahrskollektion vorführte, klatschte am lautesten Romy Schneider, die diese Modeschöpferin besonders liebte, und sagte ihr:

„Was Sie heute geboten haben, das war nur noch Kunst zu nennen."

„Oh, bitte, Mademoiselle Romy, sagen Sie das nicht", bat Coco erschrocken. „Kunst ist zuerst häßlich und wird dann als schön empfunden, und das, was ich mache, muß zuerst schön wirken, aber später häßlich, sonst käme es doch nicht zu neuen Kollektionen!"

Der frühverstorbene Christian Dior hatte den meisten Ärger mit jenen Kundinnen, deren Hauptsorge war, daß man dem Kleid auch seinen Preis ansehen müsse (weil sie der Meinung waren, sonst sei das Geld hinausgeworfen).

„Sie sind im Irrtum, Madame", sagte Dior gefaßt zu einer dieser Damen, „ein Abendkleid ist dann wirklich elegant, wenn sich im Ballsaal alle nach Ihnen umdrehen, obwohl es niemand bemerkt hatte, als Sie mit der Metro zum Ball fuhren."

Van Dongen, der Maler, der die *Belle Epoque,* die goldenen zwanziger Jahre und das moderne Paris porträtiert hat, unterhielt sich einmal mit Jacques Heim über Modefragen.

„Welche Mode hat Ihnen als dem Maler und Augenmenschen eigentlich am meisten zugesagt?" erkundigte sich der große Modeschöpfer.

„Die paradiesische, *mon ami*", antwortete van Dongen, ohne zu zögern. „Niemand wird es mir verargen, wenn ich die Zeitlosigkeit meiner Bilder anstrebe, und da ich zahllose Frauen gemalt habe, marterte mich stets der Gedanke, daß ein Hut, ein Schal, eine Bluse meinem Bild den Stempel eines bestimmten Jahres aufdrücken könnten. Darum lobe ich mir das Paradies: die Nacktheit ist die einzige Mode, die sich niemals ändert. Und wer möchte behaupten, daß sie meinen Pariserinnen nicht gut steht?"

André Warnod hatte als Chronist großer Pariser Blätter das Leben der Künstler auf dem Montmartre so gut kennengelernt wie nur wenige. In seinen mit eigenen Zeichnungen gezierten Erinnerungen erzählt er unter anderem von dem Modell Claudine, einem Mädchen mit einer Prachtfigur, die sich auf zahlreichen Bildern von

Touchagues, van Dongen und anderen Malern verewigt findet. Diese Claudine kam eines Tages zu Warnod und berichtete als große Neuigkeit, daß sie von den Malern nun endgültig genug habe:

„Ich werde nur noch mit wirklichen Künstlern arbeiten!"

„Aber Touchagues ist doch ein wirklicher Künstler!"

„Ach, der ist auch nicht viel besser als die anderen. Ich meine *wirkliche* Künstler – ich gehe zum Zirkus Medrano!"

Als man sich entschloß, der Pariser Oper – noch immer einer Stätte der Tradition – ein neues, großes Deckengemälde zu geben, rätselte man lange, welcher zeitgenössische Künstler denn imstande sein würde, die verstaubten, aber dekorativen Götter und Göttinnen durch etwas Modernes zu ersetzen. Schließlich setzte André Malraux, Frankreichs Minister für die kulturellen Angelegenheiten, seinen Kandidaten, den greisen Marc Chagall, durch.

„Chagall ... diesen russisch-jüdischen Phantasten?" fragten die Mitglieder der Kommission den Minister mit zweifelnder Miene.

„Ja, Chagall und keinen anderen!" antwortete Malraux. „Denn das sage ich Ihnen: Hätte ich, obwohl ich jünger bin, noch halb soviel Phantasie wie dieser alte Maler, ich wäre nie Minister geworden, sondern Romancier geblieben!"

Der französische Dramatiker und Filmschöpfer Marcel Pagnol hatte schon als Fünfzehnjähriger seinem Vater angekündigt, daß er mit dreißig Jahren Millionär sein werde. Als Pagnol dreißig war, ging eben sein Erfolgsstück *Topaze* über die Bühnen Frankreichs und bald der ganzen Welt, und Pagnol konnte seinem Vater schreiben: „Wie du siehst, habe ich mein Versprechen gehalten."

Da dem Brief 5000 Franc beilagen, entschloß sich Pagnol der Ältere zu einer Reise nach Paris, um sich den Goldesel *Topaze* einmal selbst anzusehen. Er verbrachte drei angenehme Stunden im Theater, hinterher aber kam ihm das Ganze doch ein wenig läppisch vor, und er schrieb an seinen Sohn:

„Ich habe das Geld erhalten und mir Dein Theaterstück angesehen. Nun möchte ich aber doch endlich wissen, wovon Du lebst ...!"

Chester Anthony flog über den Kanal, um an einem großen Empfang in Paris teilzunehmen. Weder zu Hause noch während des kurzen Fluges hatte er Gelegenheit gehabt, etwas zu sich zu nehmen, und die feierlich gestimmten Diener in den Pariser Palais reichten ihm immer wieder nur Apéritifs aller Marken.

Nach dem siebenten Suze, Byrrh, St. Raphael oder Dubonnet stöhnte der lunchlüsterne Brite:

„Jetzt ist mir klar, wer den Apéritif erfunden hat – ein Koch, dem der Braten verbrannt ist!"

Der große katholische Romancier und Nobelpreisträger François Mauriac schrieb bis zum Jahre 1962 in der Pariser Zeitung *Express,* deren politische Linie ihm im übrigen gar nicht behagte. Auf einer Redaktionssitzung warf man Mauriac daher vor, seine Spalte gehe an allem vorbei, was der Pariser als die Würze des Lebens bezeichne. Anderntags lasen Mauriacs Kollegen erstaunt, daß der strenge Mann sich ausgerechnet die Existentialistenmuse Juliette Gréco zum Thema erwählt und geschrieben hatte:

„Sie ist schlank und dunkel wie ein schöner Fisch in der Pfanne; ein Gericht, bei dem man die Sauce und die

Würzen nicht vermißt, denn sogar die Kapern liefert die Gréco selbst – in Gestalt ihrer Stimme ..."

Claude Mauriac, der Sohn des großen Romanciers François Mauriac, war einer der bekanntesten französischen Filmkritiker. Vater und Sohn besuchten einmal gemeinsam eine Galapremiere, und in der Pause fiel dem Vater ein, daß sie eine wichtige Verabredung am Nachmittag, die sie beide betraf, über der Abendveranstaltung völlig vergessen hatten.

„Wir waren aber auch wirklich dumm!" sagte François Mauriac.

„Sprich bitte in der Einzahl!" warf ärgerlich der Sohn ein.

„Wenn du willst ...", fuhr François Mauriac ungerührt fort: „Du warst aber auch wirklich dumm ..."

Als Juliette Gréco in Mexiko weilte, wollte man ihr die Bestätigung dafür entlocken, daß die Franzosen von heute nicht mehr die großen Kavaliere seien, die Mexikaner hingegen unveränderte Caballeros.

„Sie irren sich, meine Herren", antwortete die schwarzhaarige Muse der Keller von Saint-Germain-des-Prés, „noch kurz vor meiner Abreise von Paris sah ich einen Mieter des Hauses, in dem ich wohne, seiner Frau den Arm anbieten, als sie in den Hof hinunterging, um den Mistkübel auszuleeren."

Für junge Liebende hält Paris eine einzigartige Landschaft bereit: die Seine-Quais im Herzen der Stadt, still und verträumt auf der Ile Saint-Louis, heiter und belebt an den Quais des Tuileriengartens oder am Quai Voltaire.

„An den Seine-Quais kaufte mir Sartre Pardaillan-

und Fantomas-Hefte“, erzählt Simone de Beauvoir in ihren *Mémoires d'une jeune fille rangée,* „die er der Korrespondenz zwischen Rivière und Alain-Fournier bei weitem vorzog; am Abend ging er mit mir in Cowboyfilme ... vor Cafés sitzend oder beim Cocktail im *Falstaff* unterhielten wir uns viele Stunden hindurch. Einen Vergleich unserer Generation mit der vorhergehenden schloß Sartre mit den Worten:

‚Wir sind unglücklicher, aber sympathischer.‘“

Véronique Passani, eine junge Pariser Journalistin, hatte an einem Vormittag die Aufgabe, zwei berühmte Männer zu interviewen, die auf der Durchreise in Paris weilten. Sie besuchte den ersten – es war Gregory Peck –, fing Feuer, dehnte das Gespräch länger aus als erwartet und ließ den anderen Herrn vergeblich warten.

Als sie bald darauf Gregory Peck heiratete, fragten sie ihre früheren Kollegen:

„Wenn nun die Reihenfolge umgekehrt gewesen wäre, wenn Gregory Peck der zweite gewesen wäre – hättest du dann den anderen geheiratet, da du an diesem Morgen offenbar in Stimmung warst?“

„In Stimmung mag ich gewesen sein, aber das glaube ich denn doch nicht“, antwortete Véronique lachend, „der andere Herr, der mich erwartete, war nämlich Doktor Albert Schweitzer ...“

Maître Maurice Garçon, Mitglied der *Académie Française* und aus vielen literarischen Sensationsprozessen berühmt, hatte in seinen Anfängen einmal einen kleinen Dieb zu verteidigen.

„Man behauptet, daß Sie in die Kasse gegriffen haben“, sagte er zu seinem Klienten, „aber es hat sie niemand gesehen. Und Sie selbst, Sie können sich einfach nicht erinnern, Sie haben eine Gedächtnislücke. Sie waren momentan ohne Bewußtsein ..."

Die Verhandlung kommt heran, der Angeklagte wird vorgeführt, Maître Garçon beugt sich zu ihm und flüstert:

„Vergessen Sie nicht: Sie haben alles vergessen!"

Wer Paris nach Mendès-France und dann wieder unter de Gaulle besucht hat, konnte feststellen, daß die prächtigen Milchbars auf den Boulevards verschwunden und die Räumlichkeiten des *Maison du Café* ganz beträchtlich zusammengeschrumpft sind: Die Franzosen sind zu ihren gewohnten Getränken zurückgekehrt.

Um so erstaunter war daher die Concierge von Graham Greenes Pariser Wohnung, daß Tag für Tag zwei große Flaschen Milch vor die Türe gestellt wurden.

„Ach bitte, Monsieur, zeigen Sie mir doch einmal Ihre Katzen", bat sie den Schriftsteller eines Morgens.

„Katzen? Sie verwechseln mich wohl mit Hemingway!" antwortete Greene, schüttelte den Kopf und ging. Lange sah ihm die alte Pariserin nach, dann seufzte sie:

„Ein so gutaussehender Mann, gerade im richtigen Alter ... Aber er muß todkrank sein!"

In den Pariser Vergnügungsstätten hat man nicht nur die Eintrittskarte, das Programmheft und die Garderobe zu bezahlen: Garderobière, Billetteuse und Platzanweiserin wollen alle auch noch ihr Trinkgeld, *Le service; s'il vous plaît.*

Der flämische Dichter Teirlink, im Dunkel desorientiert und von der großen Stadt überhaupt verwirrt, überhörte das Geflüster der Platzanweiserin, drückte sich in seinen Kinostuhl und gab nichts.

„Wenn das so ist", zischte die Gekränkte, „dann will

ich Ihnen gleich sagen: der Richter ist der Mörder!"
„Seither", sagte Teirlink, als er wieder zu Hause war, „seither weiß ich, wie wenig an einer Kriminalhandlung dran ist, wenn die Spannung fehlt!"

In einem Pariser Theater brach Feuer aus. Alle konnten sich von der Bühne retten, ehe der eiserne Vorhang herunterdonnerte, nur Cécile Durand, der Star des Abends, blieb schreckerstarrt zurück. Schon glaubte man, die schöne Schauspielerin werde wie eine zweite Jeanne d'Arc den Flammentod erleiden, da sprang ein junger Feuerwehrmann auf sie zu, hob sie hoch und brachte sie glücklich in Sicherheit.

Von dem Augenblick an, da er die schöne Frau in ihrem dünnen Bühnenkostüm in den Armen gehalten hatte, war der Junge wie verwandelt. Er bestürmte Cécile Durand täglich mit seinen Anträgen, bis diese verzweifelt zu ihm sagte:

„Sie haben mir das Leben gerettet, mein Lieber, das ist richtig, ich bin Ihnen auch sehr dankbar und kann Sie wirklich gut leiden ... Aber ich kann doch nicht das Theater anzünden, damit Sie mich wieder umarmen können!"

„Und ohne Feuer", stammelte der Unglückliche, „ohne Feuer können Sie mich nicht umarmen?"

Orson Welles und Marlene Dietrich weilten etwa gleichzeitig in Paris, und der große Regisseur und Schauspieler ging, mehr aus Höflichkeit, in Marlenes Vorstellung. Hinterher fragte ihn ein Pariser Freund:

„Die Dietrich kannst du dir doch in Las Vegas ansehen, hätten wir heute nicht lieber anderswo hingehen sollen?"

„Das habe ich vorher auch überlegt", antwortete Orson Welles, „aber es war dann doch ein starker Eindruck. Die alte Marlene in dem alten Europa – da merkt man erst so richtig, wie hundsjung wir Amerikaner eigentlich sind!“

In seiner Pariser Zeit malte Picasso unter vielen anderen Bildern auch ein inzwischen berühmt gewordenes Porträt der Gertrude Stein. Die Freunde der kunstsinnigen Amerikanerin waren von dem Bild nicht erbaut und machten Picasso Vorwürfe, daß er eine Frau, die sie alle so schätzten, auf diese Weise dargestellt habe. Und von Ähnlichkeit sei überhaupt keine Spur.

„Wartet nur“, sagte der Spanier in seinem harten Französisch, „die Ähnlichkeit kommt noch. In dreißig Jahren werden alle unsere Freunde Gertrude Stein so sehen, wie ich sie sah.“

Zu den häufigsten Taktlosigkeiten, denen Diener der Kirche heute ausgesetzt sind, gehört, daß sie bei großen Gesellschaften immer wieder neben Damen mit sehr großzügigen Dekolletés plaziert werden.

Johannes XXIII. widerfuhr dies, als er noch Nuntius in Paris war, aber er ging mit einer seiner gütig-witzigen Bemerkungen darüber hinweg: „Ich habe die Ärmste nur bedauert“, sagte er nach dem Bankett zu einem Freund, „denn den ganzen Abend hat niemand sie angeschaut, sondern jeder nur mich.“

Frankreich ist eines der wenigen Länder, in denen Ministerpräsidenten gelegentlich Kriminalromane schreiben, Minister berühmte Romanciers sind, Staatssekretäre mit ihren Komödien die Welt entzücken. Edouard Herriot, Chef der Radikalsozialistischen Partei, Präsident der Nationalversammlung und wiederholt Minister, verfaßte neben einer Reihe geistvoller Essays auch ein Buch über *Madame Récamier und ihre Freunde* und wurde 1946 in die *Académie Française* aufgenommen. Trotz seiner prosowjetischen Haltung in der Politik war er mit dem päpstlichen Nuntius Roncalli (dem späteren Papst Johannes XXIII.) gut befreundet, und dieser warf ihm eines Tages milde lächelnd vor, daß Herriot die Religion der Madame Récamier so gut wie gänzlich ignoriert habe.

„Sie mag gläubig gewesen sein", antwortete Herriot wegwerfend, „ich aber, ich für meine Person, bin Atheist, Gott sei Dank!"

Der Botschafter Coulondre sah eines Abends zu, welches Menü Edouard Herriot in seinem Lieblingslokal *Chez Prunier* in Paris vertilgte: Er begann mit Belons clair, und zwar nicht einem halben, sondern einem ganzen Dutzend; danach kam eine Bouillabaisse, auf diese folgte ein Steak von beachtlichen Ausmaßen, an das sich eine Gemüseplatte, Salate und das übliche *Plateau de fromage* schlossen.

„Kommen Sie öfter hierher, Monsieur le Président?" erkundigte sich Coulondre ehrfurchtsvoll angesichts dieser gesunden Eßlust.

„Etwa zweimal die Woche", antwortete Herriot, „bei Banketten und Empfängen – Sie kennen das ja auch – ißt man immer zuviel, da empfiehlt es sich dann, mindestens zweimal die Woche bei verläßlicher Küche Diät zu halten!"

Marie-Chantal, das Mädchen aus einer Familie der oberen Zehntausend und dank seiner vorzüglichen Erziehung völlig ahnungslos, was die Welt betrifft, ist eine der Lieblingsfiguren der französischen Humorspalten.

Entsprechend den Pflichten ihrer Klasse hat sich Marie-Chantal der Kirche zur Verfügung gestellt und ist in der Armenfürsorge tätig. Aus der langen Reihe der Wartenden kommt ein abgerissener Mann mit eingefallenen Wangen auf sie zu.

„Helfen Sie mir, Mademoiselle", stammelt er, „ich habe seit drei Tagen nichts gegessen!"

„Seit drei Tagen?" fragt Marie-Chantal erschüttert. „Ja, Sie müssen sich eben dazu zwingen, mein Lieber!"

Ein anderes Mal gibt Marie-Chantal für ihre Armen ein kleines Fest; sie nennt es geschmackvoll Misère-Party, und alle ihre Freundinnen müssen kommen, um mit anzusehen, wieviel Gutes auf diese Weise getan wird.

„Du kommst doch, Gladys?" zwitscherte Marie-Chantal ins Telephon, „Pierre wird auch da sein!"

„Welcher Pierre?"

„Nun, der Abbé Pierre, *voyons*!"

Der 1940 verstorbene Kardinal Verdier, Erzbischof von Paris, war durch seine volkstümlich-unverblümte Ausdrucksweise bekannt.

Eines Tages sah er auf einem Spaziergang einen Lastwagenlenker, dem der Anhänger in den Graben gerutscht war, wütend und fluchend mit dem Wagenheber arbeiten. Alles war vergebens, der Boden zu weich und die Flüche des Mannes steigerten sich zu wahren Blasphemien.

„Ich höre Ihnen schon eine ganze Weile zu, mein Guter", sagte der Kardinal, „Sie wenden sich an die falsche Adresse. Niemand ist schuld an Ihrem Unglück als Sie selbst. Setzen Sie sich in den Wagen, gehen Sie in sich, bitten Sie Gott um Verzeihung wegen all der bösen Worte, und geben Sie Gas ..."

Der Fahrer sah den Kardinal lange an. Da er alles andere schon vergeblich versucht hatte, zuckte er die Achseln, stieg ein und tat, wie ihm Verdier geraten hatte: Er betete, drückte den Anlasser, legte den Gang ein, und siehe da: Die Räder greifen, und nach wenigen Sekunden steht der ganze Lastzug wieder auf festem Boden.

„*Ah ça!*“ sagt der Fahrer verblüfft.

„*Ah, merde alors!*“ sagt der Kardinal ...

In Jean-Paul Sartres Buch *Das Sein und das Nichts* spielt der Begriff des Mono-Ideismus eine gewisse Rolle. Befragt, worum es sich dabei eigentlich handle, erzählte Sartre folgende Geschichte:

„Ich habe einen alten Onkel auf dem Lande, der ist das vollkommenste Beispiel eines Mono-Ideisten, das ich kenne. Er mag nämlich keinen Spinat, und er ist glücklich, keinen Spinat zu mögen, denn wenn er Spinat gern äße, würde man ihm alle Tage Spinat vorsetzen. Ersetzen Sie nun Spinat durch eine beliebige Weltanschauung, und Sie haben den Mono-Ideismus. Voilà!“

Louise de Vilmorin, deren Frauenromane auch verfilmt wurden, wurde von ihren Leserinnen oft in Herzensangelegenheiten zu Rate gezogen.

Eine der Damen wollte wissen, ob sie mit einem redseligen oder mit einem schweigsamen Mann glücklicher sein würde.

„Mit einem schweigsamen“, antwortete die Schriftstellerin spontan, „denn ein schweigsamer Mann gibt seiner Frau zumindest die Illusion, er höre ihr zu.“

Der französische Schriftsteller Paul Vialar war, neben seinem übrigen Werk, das ihm unter anderem den *Prix Femina* eingebracht hat, wahrscheinlich der hervorragendste französische Autor der Jagdliteratur und sel-

Tsuguharu Foujita, Quai aux Fleurs.
Öl auf Leinwand, 1950. Paris, Musée National d'Art Moderne.

Kees van Dongen, Porträt Fernande.
Öl auf Leinwand, 1905. Paris, Privatsammlung.

ber ein passionierter Jäger. Er fehlte bei keiner sportlich oder gesellschaftlich interessanten Jagdveranstaltung. Bei einer solchen Gelegenheit traf er einen Jäger, der für seinen Geschmack ein etwas allzu großer Aufschneider war. Als der Waidmann behauptete, eines Tages einem Hirschen mit einem einzigen Schuß durch den rechten Hinterlauf und ein Auge geschossen zu haben, glaubte Vialar, den Mann endlich festnageln zu können, und fragte ihn, wie er denn dieses Kunststück vollbracht habe.

Die Antwort kam ohne Zögern: „Das liegt doch auf der Hand: Das Vieh kratzte sich gerade hinterm Ohr!"

Jean Giraudoux, Verfasser der köstlichen ironischen Komödie *Der Trojanische Krieg findet nicht statt,* liebte das Paradoxon. Zu seiner Vorlage, der „Ilias" des Homer, bekannte er sich mit den Worten, das Plagiat stehe am Anfang jeglicher literarischer Tätigkeit: und einem jungen Kollegen im Außenamt, der Giraudoux seine ersten dramatischen Versuche auf den Schreibtisch legte, sagte er:

„Ich habe Ihr Stück nicht gelesen, nicht nur, weil ich tatsächlich keine Zeit habe, sondern auch, weil mein Rat Ihnen überhaupt nichts nützen würde. Ist Ihr Stück gut, dann kann keine Empfehlung einen unserer Theaterdirektoren dazu bringen, es zu spielen; ist es jedoch schlecht, dann wird man es Ihnen ohnedies aus der Hand reißen!"

In den dreißiger Jahren beherrschten in Paris (aber nicht nur in Paris) die Romanreihen das literarische Geschehen, französisch sehr bezeichnend *roman-fleuve* (Romanfluß) genannt. Trotz so berühmter Werke wie *Les Thibault* von Roger Martin du Gard und der Serie der *Salavins* von Duhamel schoß Jules Romains den Vogel ab, denn sein Monsterroman hatte nicht nur den besten Titel: *Les hommes de bonne volonté* (deutscher Titel: Die guten Willens sind), sondern auch mehr als zwanzig Bände.

Die lange Arbeit brachte es mit sich, daß man mit Jules Romains durch Jahre über nichts anderes sprechen konnte als über dieses Werk, wodurch der Dichter in den Ruf der Arroganz und des Egoismus geriet. Um ihn herauszufordern, fragte ihn einmal ein Journalist, wie er es wohl anstelle, übler Nachrede zu entgehen.

„Sehr einfach", antwortete Jules Romains, „ich komme zu jedem Empfang als erster und gehe als letzter."

Alfred Capus, der Romancier und Komödienautor, wurde nach der Premiere von *Les Favorites* von einem Schwarm junger Mädchen umringt, die man damals noch nicht Groupies nannte.

„Wir haben gewettet, Monsieur, wie alt Sie sind. Verraten Sie's uns?"

„Wie alt ich bin, meine Hübschen", antwortete Capus, „das hängt ganz davon ab, was ihr noch mit mir vorhabt."

Ein Jahr vor seinem Tod, 1969, wurde François Mauriac im Französischen Rundfunk interviewt: er stand damals im fünfundachtzigsten Lebensjahr und sprach das wohl unbewußt-prophetische Wort:

„Wissen Sie, wenn man so alt wird wie ich, dann erkennt man, daß auch die Bäume sterblich sind."

Im Jahr 1949 veranstaltete Robert Mallet ein Rundfunkinterview mit dem damals siebenundsiebzigjährigen Paul Léautaud – in der uneingestandenen Absicht, den verwahrlost in einer Gartenhütte bei Paris lebenden Katzenvater lächerlich zu machen. Der zahnlose Greis ging jedoch mit Verve und Brillanz zum Gegenangriff über, und ganz Paris begrüßte begeistert sein Comeback. In den letzten Lebensjahren erschienen denn auch in rascher Folge private und literarische Tagebücher von ihm, die Sensation machten, da er niemals mit einer Veröffentlichung gerechnet und sich also keinerlei Zurückhaltung auferlegt hatte. Und genau so betrug sich der nun Prominente auch in Gesellschaft.

Als ihn ein Kollege auf eine Dame der Gesellschaft aufmerksam machte, die sich ausgezeichnet gehalten und in den letzten zwanzig Jahren überhaupt nicht verändert habe, antwortete Léautaud ungerührt:

„Sicher, jetzt gefällt sie mir ganz gut – aber was hat sie mit diesem Gesicht vor zwanzig Jahren gemacht, als sie jung war?"

In den Jahren 1925 und 1926 hatte Léautaud eine nicht mehr ganz junge, aber sehr hübsche Freundin, die er täglich zum Einkaufen in einen Coopérative-Laden begleitete. Eines Tages fragte er sie, ob ihr dies unangenehm sei:

„Tut mir leid, aber man findet dich so häßlich!"

„Häßlich, häßlich!" bellte Léautaud. „Wie sollte ich anders geworden sein? Mein Vater war Souffleur an der *Comédie Française*, er hat nichts als Bühnenstaub geschluckt. Als ich geboren wurde, verließ er uns. Und weißt du, wer mich schließlich aufgezogen hat? Eine Prostituierte und ein Schäferhund. Wenn du das bedenkst, bin ich gar nicht so übel!"

Der Abbé Mugnier war einer der letzten jener *soi-disant* Geistlichen, die für das gesellschaftliche und literarische Leben an der Seine zweifellos wichtiger waren als für die Kirche. Immerhin hatte er vom geistlichen Stand eine besondere Vorliebe für gute Mahlzeiten in großer Gesellschaft, so daß der bissige Zeichner Forain von ihm einmal sagte, man werde Mugnier dereinst in einem Tischtuch bestatten.

„In einem Tischtuch von einer Kommunionfeier", präzisierte die Prinzessin Bibesco, und Mugnier selbst, als man ihm das Gespräch berichtete, tat noch eins drauf, indem er verlangte:

„Tischtuch? Einverstanden! Aber mit allen Brot- und Kuchenbröseln!"

Mugnier ist der Held zahlreicher Anekdoten, die den Mann der Kirche mit den Schönen dieser Welt konfrontieren, und so mancher Ausspruch, den man ihm dabei in den Mund legt, wurde zweifellos in früheren Jahrhunderten getan, als die Abbés noch eine größere Rolle spielten. Authentisch scheint jedoch sein Wort über die Hölle zu sein. Gefragt, ob es die Hölle denn wirklich gebe, blickte er die ängstliche junge Frau streng an und sagte:

„Natürlich! Wehe, wenn Sie nicht an die Hölle glauben, Madame – ihre Existenz ist ein Dogma."

Als er aber sah, daß sich die Augen der jungen Sünderin mit Tränen füllten, setzte er schnell hinzu:

„Ich glaube nur, mein liebes Kind, daß die Hölle inzwischen völlig leer steht ..."

Danielle Godet, eine entzückende junge Person und vielleicht sogar eine Hoffnung des französischen Films, bewohnt ein kleines Appartement im Faubourg Saint-Honoré, von dem aus man freien Blick in den Ehrenhof des Elysée-Palasts genießt – jenen Hof, in dem seit Jahren alle Staats- und Regierungschefs empfangen werden, die nach Paris kommen.

Für Danielle hat dies freilich zur Folge, daß stets dann, wenn sie es am wenigsten erwartet, nämlich am frühen Morgen, rauhe Männerstimmen bei ihr Einlaß begehren und unverständlich starke Polizeiaufgebote durch ihr Zimmer stürmen. Als es ihr schließlich zu bunt wurde, fragte sie einen der beteiligten Offiziere, ob sie denn eine besonders verdächtige Person sei.

„Wo denken Sie hin, Mademoiselle", antwortete dieser lächelnd. „Niemand von uns glaubt, daß Sie von Ihrem Balkon aus Monsieur Chruschtschow abknallen wollen … Sie sehen nur in Ihrem kurzen Frisiermantel so reizend aus, daß wir immer losen, wer Ihr Appartement durchsuchen darf."

Die hübsche Dany Carrel wurde bei einem der seltenen Pariser Wolkenbrüche von einem schon stark angegrauten Herrn galant beschirmt und in seinem Wagen nach Hause gebracht.

Als der alte Kavalier sich unter dem Haustor verabschiedete, wagte er die Frage, ob er die angenehme halbe Stunde an der Seite einer jungen Französin seinem Chevrolet, seinem Schirm oder seinem Charme zu verdanken habe.

„Wenn ich ehrlich sein soll", lachte die kleine Dany, „ausschließlich meinem neuen Hut!"

Einer der gut gemachten Brigitte-Bardot-Filme war *Die Pariserin* (La Parisienne), doch haftet die Vorstellung der typischen Pariserin eher an den Frauen zwischen Dreißig und Vierzig, dem Typus der schmalen, eleganten, selbstsicheren und sehr damenhaften Ehefrau, wie ihn Catherine Deneuve oder Micheline Presle auf der Leinwand verkörpern.

Das einzige Geheimnis, das diese Frauen niemals ausplaudern, ist ihr Alter, und da sie viel ausgehen, da ihr

Freundeskreis sich wenig verändert, kann sich tatsächlich zugetragen haben, was die Legende von zwei Schulkameradinnen behauptet:

„Morgen sind wir bei den Beauchamps, Jeanette, die wissen, daß wir mitsammen im Lycée waren ... Wir müssen uns auf ein Alter einigen ..."

Das Petit Théâtre unter der Direktion von Elvire Popesco hatte einen besonderen Erfolg mit den *Chansons de Bilitis,* nicht zuletzt, weil in diesem Stück der schönen Mädchen und der Schleiergewänder die hübsche Nadine Tallier auftrat.

Da Bühne doch viel anstrengender ist als Film hatte sie, nur ihrem Anwalt zuliebe und da er alle ihre Verträge machte, eingewilligt, den freien Dienstag zu opfern und mit ihm in Gesellschaft zu gehen. Sie trug ein rosafarbenes Samtkleid, das ihre Figur besonders gut zur Geltung brachte, und ihren größten Diamanten am Finger, als ein eleganter Dreißiger, blauäugig und mit kleinem Bärtchen, bei Tisch zu ihr sagte:

„Der Stein ist sehr hübsch, Mademoiselle – er ist nur leider falsch."

Das stimmte, man lachte, und als er nach dem zweiten Gang sein Pillendöschen öffnete, entdeckte Nadine zwischen den Tabletten seinen Ehering.

„Ihr Ehering, Monsieur", sagte sie, „ist zweifellos echter als mein Diamant, aber Sie tragen ihn am falschen Platz!"

Man lachte abermals, und damit war das Eis zwischen Bühne und Hochfinanz gebrochen; Edmond de Rothschild ließ sich scheiden und heiratete Nadine Tallier.

Henri Emmanuelli, einer der jüngsten Direktoren der Rothschildbanken in Paris, kam wegen des dichten Stadtverkehrs immer auf dem Motorrad ins

Büro und ließ Sturzhelm und Radmantel in seinem Direktorenzimmer auf irgendeinem Möbelstück liegen.

Baronin Nadine, die nicht nur in den Schlössern, sondern auch in den Geschäftsräumen für das Rothschild-Styling verantwortlich war, sorgte auf ihren Inspektionsgängen stets dafür, daß die Ansichtskarten von den Wänden und die Überkleider von den Stühlen verschwanden, auch bei Direktor Emmanuelli.

Als er sich unbelehrbar zeigte, kündigte ihm Nadine an, er werde beim nächsten Mal mit ansehen müssen, wie sie Sturzhelm und Mantel durchs Fenster befördere, er könne sich dann alles vom Gehsteig aufklauben.

Das Problem löste sich erst, als Emmanuelli Staatssekretär im Finanzministerium wurde, wo die strenge Nadine sein Zimmer nicht mehr inspizieren konnte.

Als Nadine Tallier, verehelichte Baronin Rothschild, einen runden Geburtstag vor sich hatte, offerierte ihr ein wohlhabender Freund ihr Porträt von Ilja Sergejewitsch Glasunow, dem russischen Maler, der gerade in Paris weilte, um Charles de Gaulle zu porträtieren.

Ilja Sergejewitsch erschien mit großem Gefolge, darunter einem Dolmetscher, schickte jedoch alle weg, als er sah, wie hübsch jene Baronin Rothschild sei, die er malen solle. Er verlangte zunächst, daß Nadine etwas Dekolletiertes tragen solle. Sie ersetzte also die für das Porträt vorgesehene Robe durch einen sehr leichten Traum aus weißem Organdi, den Nina Ricci entworfen hatte. Glasunow begann, das Modell zurechtzusetzen, an dem Organdi herumzuzupfen, und wurde schließlich so zudringlich, daß Nadine sich nur unter Hinterlassung einiger Volants, die in seinen Händen blieben, vor seinem Feuer retten konnte.

Nach Verhandlungen und weil ein großes Honorar auf dem Spiel stand, versprach der Maler, sich zu bessern: das Porträt wurde beendet, aber der Unstern blieb:

Als die Baronin das fertige Bild aufs Land nach Armainvilliers bringen wollte, rutschte sie in einer Pfütze aus, und seither prangt auf dem weißen Organdi des Porträts ein untilgbarer dunkler Fleck.

Bis zur Verstaatlichung der Rothschildbanken lag das Stadtpalais der Familie in der Rue de L'Elysée, so daß Baronin Nadine in jenen Garten hinunterschauen konnte, in dem de Gaulle (lange), Poher (sehr kurz), Pompidou, Giscard d'Estaing und Mitterrand „alle mit denselben Bewegungen, alle die Alleen in der gleichen Richtung beschreitend" ihre kleinen Spaziergänge machten.

Im unruhigen Jahr 1968, als täglich Attentate befürchtet wurden, brachte ein Freund der Baronin ihren ersten Jagdkarabiner, unter dem Arm, nicht kaschiert, quer durch alle Absperrungen hinauf in jene Wohnung, wo man freies Schußfeld auf den Präsidenten hatte. Die Baronin war denn auch sehr verblüfft und fragte den Herrn, wie er das gemacht habe. *„Mon Dieu, chère Nadine, c'est bien simple"*, antwortete er. „Es war eigentlich ganz einfach: Man muß nur gut angezogen sein, und keine Wache, kein Kriminalbeamter dreht sich nach einem um. Sie wissen zu genau, daß die Revolutionäre lieber einen Attentatsplan fallen lassen, als eine Krawatte umzubinden!"

Als Salvador Dalí Nadine de Rothschild malte, wich Frau Gala ihrem berühmten Gatten, der auch einen bemerkenswerten Ruf als Frauenjäger hatte, nicht von der Seite: Sie nahm an jeder Sitzung teil. Es wurde also nicht geflirtet, sondern man redete Tacheles, was heißt: die Dalís wollten Nadine unbedingt Insider-Tips für die Pariser Börse entlocken. Als die Baronin wahrheitsgemäß behauptete, daß Geld ihre geringste Sorge sei und

sie sich an der Seite eines Rothschild für alles interessiere, nur nicht für die Börse, sagte Gala:
„Das ist ein großer Fehler. Vergiß nie, Nadine: Die Liebe einer Ehefrau besteht darin, sich völlig mit dem Gatten zu identifizieren!"

Bei einer Gesellschaft kam Nadine de Rothschild neben Barbara Streisand zu sitzen, stellte sich ihr vor, wurde aber eine Viertelstunde später von der Streisand ziemlich nachlässig, ja ohne angeblickt zu werden, gefragt: „What's your name?"
Bald darauf löste sich die Tafel auf, Yves Montand trat auf Nadine zu, plauderte mit ihr und bat dann, der Streisand vorgestellt zu werden. In Nadines Augen blitzte es. Sie wandte sich der Streisand zu und fragte:
„Wie war doch gleich Ihr Name?"

Der wirtschaftliche Niedergang des Adels brachte es mit sich, daß auch hohe und höchste Herren lieber den Kutscher oder später den Chauffeur behielten, sich aber den Sekretär sparten.
Der Herzog von B. mußte also von einem Tag auf den anderen seine Korrespondenz selbst führen und Briefe, die er stets diktiert hatte, selbst zu Ende bringen, hatte aber keine Ahnung von den geschäftlichen Schlußformeln. Also schrieb er stets den einen Satz unter den Text, der seiner Meinung nach der gebührende Abschluß war:
„Ich befinde mich wohl!"

Zu den letzten eifersüchtig gehüteten Domänen des Adels gehören die von Tierschützern mit Recht angegriffenen Parforcejagden, bei denen die Damen ihre Dreispitze tragen und die Herren ihre roten Röcke.

Einer der unbeirrbarsten Jäger war der Marquis de Puységur, der seine Meute noch bis in den April hinein loshetzen ließ. Es geschah in einem Forst südlich von Paris, daß sie einen Hirsch aufstöberte, aber wegen verschiedener anderer Witterungen die Fährte immer wieder verlor.

Der Marquis, dem die Frühlingsnatur offensichtlich nicht viel zu sagen hatte, rief den Piqueur an seine Seite:

„Kein Wunder, wenn die Fährte schlecht ist“, sagte er, „der Boden ist trocken, und überall stinkt es nach Veilchen!“

Während der Besatzungszeit gab es in Paris nicht wenige Offiziere, die eine sehr positive Einstellung zur französischen Kultur hatten und sich auch etwas darauf zugute taten. Darum war der Versuch, einen Künstler-Zug zusammenzustellen, in dem französische Maler deutsche Museen kennenlernen sollten, gewiß nicht nur ein Propagandamanöver, und darum hatten auch große Maler wie Vlaminck und Dérain ihre Teilnahme zugesagt. Nur: gerade diese beiden waren zutiefst verfeindet, und es war undenkbar, daß sie zehn Tage lang beisammen sein, in einem Hotel wohnen, an einer Tafel speisen sollten.

General von Stülpnagel, der Stadtkommandant von Paris, machte nicht weniger als drei Versuche, die beiden miteinander zu versöhnen, bis Dérain ihm schließlich zu verstehen gab, er würde eher mit dem deutschen Kommandanten von Paris einen Versöhnungstrunk nehmen als mit Vlaminck. Da gab Stülpnagel auf, zog Dérain an die Bar und sagte:

„Sie sind ein großer Künstler, aber auch ein furchtbarer Dickschädel.“

Schon im ersten Besatzungswinter hatte Dérain das Angebot erhalten, die gesamte Familie Ribbentrop zu malen, unter den schmeichelhaftesten Bedingungen: Wohnen in einem Schloß, Diener, exzellente Küche. Freund Papazoff, der nicht mehr wußte, wo er die Schleichhandels-Lebensmittel für Dérain hernehmen sollte, riet dringend zur Annahme und schwärmte vom Ribbentropschen Luxus.

„Ich zeige dir *meinen* Luxus“, antwortete Dérain, ging mit Georges Papazoff zu einer Scheune, trug dort ganze Berge von Stroh ab und enthüllte auf diese Weise seinen Bugatti. Er brachte den Wagen, der jahrelang nicht benützt worden war, tatsächlich in Gang, lauschte dem Klang des Motors und sagte selig zu Papazoff: „Nun? Ist das nicht besser als ein deutsches Schloß?“

Das 1605 errichtete Hôtel de Villedeuil hatte, wie so mancher Großbau im Marais, sehr unterschiedliche Schicksale, wurde 1819 an die Stadt verkauft und war bis 1860 Bürgermeisteramt des Marais-Viertels, ehe der *Grand Rabbin de France*, Frankreichs höchster Rabbiner, dort einzog.

Das Haus war ehrwürdig, aber eben sehr alt, und die schüchtern verlegten elektrischen Leitungen nahmen sich an dem wuchtigen Bau aus wie vertrocknete Girlanden.

„Ich denke“, sagte der Rabbiner seufzend, „wir wären besser beraten gewesen, beim Kerzenlicht zu bleiben, wie einst Monsieur de Villedeuil!“

Zwanzig Jahre lang beherrschten die Bemühungen, den Marais zu retten, die Pariser Lokalseiten, und die meisten Fremden, die es in dieses verwahrloste Nobelviertel des *Ancien Régime* verschlug, mögen Mühe gehabt haben, dies zu verstehen. Indessen hatte der Marais stets seine Liebhaber; Hemingway residierte bekanntlich an der Place de Vosges, Victor Hugo lebte sechzehn Jahre lang in der heutigen Nummer 6, und die spätere Madame de Sévigné wurde 1626 im Haus Nummer 1 *bis* geboren.

Ist es ein Wunder, daß eine Amerikanerin, die es sich leisten konnte, unbedingt einen jener alten Paläste erstehen wollte, die man in Paris schlicht Hôtel nennt? „Eines Abends sagte ihr ein Diplomat, der über die inständigen Bitten der Dame erbost war, mit der ernsthaftesten Miene, daß er für sie ein Hôtel gefunden habe, mit unendlich reicher Geschichte. Alles, was Frankreich an großen Familien sein eigen nenne, habe in diesem Palais geliebt, intrigiert und gemordet, von den Kunstschätzen ganz zu schweigen."

„Und was ... und was soll dieses Prachtstück kosten", fragte zitternd vor Begierde die reiche Amerikanerin.

„Zweihundert Milliarden Francs." (Selbst wenn es sich, wie wir annehmen dürfen, um ‚alte' Francs handelt, entspricht die Summe etwa 600 Millionen DM.)

„Seit diesem Tag", schließt Léon-Paul Fargue seinen Bericht, „hat meine enttäuschte Freundin niemals wieder den Wunsch geäußert, in einem Haus aus dem sechzehnten Jahrhundert zu leben."

Noch in den fünfziger Jahren konnte man mit den Bouquinisten sehr informative Gespräche führen, weniger über die Autoren selbst (obwohl sie auch diese oft persönlich kannten) als über die Editionsgeschichte der Werke. Derlei ist selten geworden; die Männer an den großen grünen Blechkasten sehen auch nicht mehr aus wie Michel Simon, und wegen der Arbeitslosigkeit steht heute manche hübsche Tochter neben ihnen, die sonst wohl in einer anderen Branche besser verdient hätte.

„Im Sommer, wenn es warm ist", berichtet Léon-Paul

Fargue, „springen die jungen Bouquinistinnen ungesäumt in die Seine. Manch einer bummelt wegen der Bücher über die Quais, aber oft auch, um die triefende Sirene aus dem Wasser steigen zu sehen, wenn er ihr zugerufen hat: „Mademoiselle … was kostet der Taine?"

Da ganz Paris die Bouquinisten kennt und da die Franzosen ihre Intimbeziehung zu den Büchern noch nicht aufgegeben haben, sind die Wühlkästen auf den Quaimauern ein beliebtes Alibi. Es soll einen Bouquinisten gegeben haben, der eine Reihe kostbarer Romantiker-Ausgaben für Herren von Stand bereithielt, und wollte man einen dieser hübschen Halbfranzbände erstehen, so verteidigte er ihn (zum Beispiel) mit den Worten:

„Sie müssen verzeihen, Monsieur, aber der ist für einen Comte, der um fünf Uhr auf einen Sprung vorbeikommt, aber so tun wird, als suche er schon seit drei Uhr eben nach diesem Band …"

Die berühmtesten Aussteiger der Welt, entschieden auch jene mit der ehrwürdigsten Tradition, sind die Clochards. Man trifft sie in Lokalen, von denen Léon-Paul Fargue behauptet, daß man sie nur nachts entdecke, und sie legen sich nach unerwartet tiefgründigen Gesprächen danach unter den Brücken irgendwo zur Ruhe.

Einer der gelehrtesten unter ihnen wurde *Monsieur Hubert de l'Académie Française* genannt, einen anderen, einen freiwillig ausgestiegenen Herzog, hat Jean Gabin in einem Film nach dessen wahrer Geschichte dargestellt. Beobachter sind in diesem Milieu nicht gerne gesehen, man empfindet sie wie eine offene Tür zur Welt, zu jener Welt, die man verlassen hat, und auch Fargue hörte, als er sich für eine Nacht zu den Clochards gesellte, auf einmal eine rätselhafte Stimme, wie von fernher, die ihm befahl:

„Willst du wohl deine Tür zumachen?"

Mancher sehr sensible Stadtbürger neigt dazu, von seiner Stadt vereinnahmt zu werden. Was dann entsteht, hat man *l'homme en proie de la ville* genannt, der Mensch als Beute der Stadt. Solchermaßen erbeutete Menschen gibt es in London und Berlin, in Rom und Wien, und für Paris heißt das kennzeichnendste Beispiel Léon-Paul Fargue, der Ahasver von Paris. Sein Buch von den Spaziergängen in Paris hat, vielleicht wegen einer sehr unzureichenden Übersetzung, bei uns keinen Erfolg gehabt, auch sind seine Impressionen keine Anekdoten im engeren Sinn. Nimmt man das ganze große Paris aber als einen Corpus, so erreichen die Beobachtungen Fargues doch den Rang unentbehrlicher Charakteristika, etwa wenn er über die vielgewundene, zum Montmartre hinansteigende Rue Lepic sagt, sie sei eine der berühmtesten Straßen der Welt:

„Fleischer in der Rue Lepic gewesen zu sein ist ebenso ehrenvoll, wenn nicht von ebenso historischer Bedeutung, wie Kunsthändler in der Rue du Faubourg-Saint-Honoré oder Kinobesitzer an der Avenue des Champs-Elysées gewesen zu sein."

Léon-Paul Fargue erzählt, wie er mit Clémenceau und einem weiteren Politiker auf dem Montmartre die Bekanntschaft von Steinlen machte:

„Steinlen lebte auf der Butte mit beinahe ebensoviel Katzen wie Léautaud. Er war mit einem Empfehlungsbrief an einen unbekannten Maler nach Paris gekommen, von dem er nur wußte, daß dieser auf dem Montmartre lebe. Ein Droschkenkutscher hatte den Schweizer Zeichner endlich im Schatten des Moulin de la Galette aufgelesen. Verführt vom Dekor, berauscht von der Liebenswürdigkeit der Bevölkerung und von den Farben des heiligen Berges, wollte Steinlen nie mehr bergab wandern."

Er starb nach Jahren der Armut 1923, eine Sammlung seiner Zeichnungen schenkte Steinlens Tocher dem Louvre; alles andere, Bilder, Entwürfe, Skizzen, wurde 1970 in alle Winde zerstreut ...

Der Pariser Journalist und Kritiker Robert de Flers beklagte einmal unter Freunden, daß er es nicht schaffe, seine Handschrift zu verbessern.

„Immerhin", tröstete man ihn, „L. schreibt noch unleserlicher als Sie."

„Der L.?" antwortete de Flers, „den kann man ja nicht einmal lesen, wenn er gedruckt ist!"

Maurice Blanchot, der große Literaturkritiker und Romancier, räumte von einem Buch zum anderen der *absence*, dem Tod und der Gebrechlichkeit, immer mehr Bedeutung ein, und eines Tages saß er hinter seinem Schreibtisch in den *Nouvelles Littéraires*, ohne zu lesen, ohne zu schreiben, in tiefen Gedanken.

Als sich ihm schließlich ein Kollege ehrfurchtsvoll näherte, sagte Blanchot:

„Man schreibt und schreibt. Man wird für alle lesbar. Und sich selbst vermag man nicht mehr zu entziffern."

Als Sartres Liaison mit Simone de Beauvoir in den Kreisen seiner Verehrer publik wurde, gab es auch Enttäuschte:

„Aber Meister – eine Lehrerin!"

Doch Sartre schwärmte:

„Wer noch nie mit einer Lehrerin zusammen war, der

weiß einfach nicht, was körperliche Liebe sein kann. Diese Frauen nämlich lassen einen alles so lange wiederholen, bis es absolut einwandfrei ist ...!"

In einem Anfall von radikaler Ehrlichkeit gesteht die Sagan ihrem älteren Freund alle Beziehungen, die sie vor ihm gehabt hatte.

Ihre Freundinnen sind außer sich:

„Was für ein Exzeß der Aufrichtigkeit!" rügt die eine;

„Und welch ein Mut", lobt die zweite;

„Und was für ein phänomenales Gedächtnis!" schließt die dritte.

Die Dichterinnen – oder zumindest doch die Verfasserinnen von Bekenntnisbüchern – werden immer jünger. Eine Sechzehnjährige, deren Buch soeben Skandal gemacht hat, will die ersten Honorare in Kosmetika umsetzen, betritt einen großen Parfümladen und liest die Namen der neuesten Kreationen aus Grasse: *Amour fou* (Wilde Liebe), *Folle passion* (Irre Leidenschaft), *Nuit embrasé* (Glühende Nacht).

„Entschuldigen Sie, Mademoiselle", erkundigt sie sich schüchtern bei der Verkäuferin, „haben Sie nicht ein Parfüm für Anfängerinnen ...?"

Jean Gabin, ein notorischer Frühaufsteher, ärgerte sich über die Nachtfilme im Fernsehen, was die Gewaltigen des ORTF natürlich nicht gleichgültig ließ, vor allem, da es damals ja noch keine Videorecorder gab, zumindest nicht für das Publikum.

„Haben Sie es denn noch nicht bemerkt?" donnerte Jean Gabin, „Sie bringen die Metro-Goldwyn-Meyer-Filme so spät, daß der berühmte Löwe nicht mehr brüllt, sondern nur noch gähnt!"

Robert Delaunay, Durchblick auf den Eiffelturm.
Öl auf Leinwand, 1910. Düsseldorf, Kunstsammlungen Nordrhein-Westfalen.

Marc Chagall, Der Traum von Paris.
Farblithographie, 1969/70.

Eine der beliebtesten Sendungen des Französischen Fernsehens ist *La Bourse aux idées,* die Ideen-Börse. Eine junge Lehrerin machte Sensation mit der geheimnisvollen Ankündigung, sie sammle alle 20-Centimes-Stücke, weil diese ihr besonders nützlich seien, wenn sie eine Reifenpanne habe.

Es kamen so viele Hörerzuschriften, daß das ORTF schließlich der jungen Frau 6000 Francs bot, wenn sie ihr Geheimnis, ihren Trick verraten wolle, mittels der kleinen Münzen ihren Reifen zu flicken.

„Flicken?" erklärte sie. „Das habe ich nie behauptet. Aber nützlich sind sie mir außerordentlich, denn mit zweien dieser kleinen Dinger kann ich einen Pannendienst anrufen!"

Die Schnellplauderer haben im Französischen Fernsehen mindestens dieselbe Macht wie ihre deutschen Kollegen auf unseren Bildschirmen, und es unterlaufen ihnen auch dieselben Fehler. Einem aus Belgien zurückgekehrten Reporter war bei seinen Klagen über die Hotelverhältnisse der Name des Etablissements entschlüpft, außerdem hatte er behauptet, die Zimmer seien dort so niedrig, daß alle Ratten ein eingedrücktes Rückgrat hätten.

Auf den wütenden Protest aus Saint-Caff-sur-la-Meuse berichtigte er sich im Pariser Fernsehen wie folgt:

„Ich gebe zu, *Mesdames et Messieurs,* daß ich übertrieben habe. Die Zimmer im Metropol in Saint-Caff haben durchaus normale Höhe, und die Ratten, die ich dort gesehen habe, waren eben darum auch durchaus normal entwickelte, gesunde Exemplare ..."

Bruno Coquatrix, Direktor des *Olympia,* ißt zufällig in einem kleinen Restaurant in einem Stadtteil, in dem er selten zu tun hat. Als er den Kaffee nimmt, kommt der Spüler auf ihn zu, noch mit nassen Händen, und sagt selig lächelnd:

„Kennen Sie mich noch, Herr Direktor?"

Coquatrix erinnert sich: „Doch, doch ... Sie haben bei mir gesungen!"

„Und wundern Sie sich nicht, daß ich nun hier Geschirr spüle?"

„Keineswegs, mein Guter", sagt Coquatrix, „ich weiß noch genau, *wie* Sie gesungen haben."

Mireille Matthieu wird gebeten, bei einem Betriebsjubiläum zu singen, und ein Vertreter der Firma verhandelt mit ihrem Impresario.

„Was erwartet sie wohl für den Auftritt?" fragt er.

„Zwanzigtausend Francs!"

„Zwanzigtausend Francs? Aber soviel erhält unser PDG (populäre Abkürzung für Président-directeur général) im ganzen Monat!"

„In diesem Fall", antwortet Johnny Stark, „sehe ich nur eine Lösung: Sie lassen Ihren PDG singen!"

Adamo empfing seinen Agenten in der allerbesten Stimmung.

„Ich habe heute einen reizenden Brief bekommen von einem Mädchen. Hör dir das an: *Cher Monsieur,* Sie sind für mich nicht nur der beste, sondern auch der attraktivste von allen Sängern. Sie würden mich mit einem Bild, das Ihre Unterschrift trägt, sehr glücklich machen, es würde den Ehrenplatz in meinem Jungmädchenzimmer erhalten. Gezeichnet: Marie Chantal."

Mißtrauisch, wie Agenten sind, nimmt auch dieser Adamo den Brief aus der Hand, wendet ihn hin und her und sagt:

„Hört sich ja gut an, aber ist dir aufgefallen, daß er aus einem Schreibautomaten kommt?"

In seinen Anfängen reiste Gilbert Bécaud noch nicht mit der großen Maschinerie und einer ganzen *équipe*, sondern nur mit einem Freund, der ihn am Klavier begleitet.

Als er in einer Kleinstadt der Region Ardèche ankam und dem Bürgermeister seinen Begleiter vorstellte, war die Enttäuschung groß:

„Das müssen Sie aber unserem Feuerwehrhauptmann selbst sagen, Monsieur Bécaud, der hatte sich schon so darauf gefreut, Sie auf dem Waldhorn zu begleiten!"

Von einem jungen Sänger, der aus dem Nichts aufgestiegen war, sagte einer, der es wissen mußte:

„Als er anfing, wußte er nicht, ob die Avenue Foch nach einem großen Musiker oder einem bedeutenden Schriftsteller so benannt wurde – und heute gehört ihm die halbe Avenue Foch."

Das Leben von Charles Aznavour soll verfilmt werden, der dramatische Aufstieg, die Intrigen, die Flucht in die Schweiz.

„Ich zögere nur noch bei der Besetzung der Hauptrolle", sagt der Produzent, „ich kann mich nicht zwischen Alain Delon und Jean-Paul Belmondo entscheiden!"

„Und warum nicht Aznavour selbst?"

„Aznavour? Der ist doch viel zu klein!"

Seit Yves Montand die Reihen der Linken verlassen hat, riskiert er es, sich hin und wieder zu seinem normalen Erwerbstrieb zu bekennen. Von einer seiner vielen Bewunderinnen gefragt, ob seine berühmte Rolle als Lastwagenfahrer im *Lohn der Angst* tatsächlich sein spannendster Job gewesen sei, antwortete Montand:

„Oh nein, Mademoiselle. Der spannendste Film meines Lebens war einer, wo bis zur letzten Szene nicht feststand, ob wir überhaupt unser Honorar bekommen würden!“

Nach dem Zweiten Weltkrieg etablierten sich auch im befreiten Paris einige Geschäftemacher, die glaubten, in den Ateliers von Boulogne-Billancourt schnell das große Geld machen zu können. Einer von ihnen wollte damit beginnen, am Sujet zu sparen, und befahl seinem Dramaturgen, geeignete Stoffe bei freien Autoren zu suchen.

„Nun“, antwortete der Dramaturg, „da bietet sich doch vor allem Balzac an!“

„Hören Sie auf mit Ihrem Balzac, der ist langweilig. Ich habe nie etwas so Langatmiges gelesen wie *Rot und Schwarz*“.

„Wenn Sie gestatten, Monsieur: Das ist von Stendhal!“

„Von Stendhal? Da sehen Sie, was an dem Balzac dran ist: Nicht einmal *Rot und Schwarz* hat er geschrieben!“

Auch an den Pariser Bühnen gibt es schlechte Zeiten und unbeschäftigte Schauspieler, und es gibt Theateragenten, die mehr Worte machen, als sie Taten setzen.

Von einem dieser Wichtigmacher, der viele junge Schauspieler mit seinen Tröstungen einwickelte, ohne ihnen ein Engagement zu besorgen, fragte man sich so lange, wovon er denn eigentlich lebe, bis Gérard Depardieu bissig das Rätsel löste:

„Der hat doch eine neue Masche: Er bezieht seine zehn Prozent Provision von allen Schauspielern, die seinetwegen arbeitslos sind, wenn sie ihre *allocation de chômage* (Arbeitslosengeld) abholen.“

Gegen die Memoiren von Roger Vadim, die zuerst auf englisch, dann französisch und mit großer Verspätung auch deutsch erschienen sind, haben einige seiner Frauen gerichtliche Schritte unternommen, obwohl das Buch für den unbefangenen männlichen Leser eine einzige Huldigung an die Frauen seines Lebens ist. Eine der Anekdoten, gegen die Brigitte Bardot gewiß nichts einzuwenden hatte, spricht von ihrer Begegnung mit einem sehr jungen und sehr schüchternen Kollegen zu einem Zeitpunkt, da auch sie noch Gymnasiastin war, aber schon filmte. Um ihm die Befangenheit zu nehmen, sagte sie, neben dem Jungen sitzend:

„Bonjour, ich heiße Brigitte!"

„Ich ...", stammelte er, „ich nicht!"

Nach einer vielleicht etwas hastig angesetzten Premiere eines Achard-Stücks, bei dem die Schauspieler, wie man so sagte, geschwommen waren, schrieb ein Kritiker sarkastisch:

„Der Souffleur hatte sechs Vorhänge."

Marcel Achard, geistvoller Autor und Kritiker, der sein Vermögen allerdings ausschließlich seinen Boulevardkomödien verdankte, behauptet, vor der Abendkasse eine kleine alte Dame getroffen zu haben, die den Billeteur schüchtern fragte:

„Pardon, Monsieur, können Sie mir sagen: Ist dieses neue Stück eines von denen, die lauter gute Kritiken haben – oder ist es amüsant?"

Marcel Achard war, ehe er zu schreiben begann, jahrelang Souffleur gewesen und lernte die Bühne daher aus der Soffittenperspektive kennen. Er behauptete, daß jede seiner Erkrankungen eine Welle von Krankmeldungen unter den Schauspielern zur Folge hatte, nicht etwa, weil eine Seuche ausgebrochen war, sondern weil sie sich hinsichtlich des Textes alle auf ihn verließen.

Fernand de Saint-Simon hatte in einer geistvollen Studie über den französischen Adel eindeutig festgestellt, daß Frankreich nur etwa fünfhundert uradelige, also nicht später in den Adel *erhobene*, Familien besitze, und daß der Gesamtbestand an französischen Adeligen sich in jedem Jahrhundert um etwa zwanzig Prozent vermindere.

„Das seltsame daran ist", sagte Saint-Simon nicht ohne Ironie, „daß der neu geschaffene, der junge Adel, viel schneller ausstirbt als jener Uradel, dessen Anfänge sich in der Geschichte verlieren."

„Und wie erklären Sie sich das, Monsieur le Duc?" fragte eine Journalistin.

Saint-Simon setzte sein pfiffigstes Gesicht auf, erinnerte sich wohl auch an seinen Ahnherrn, den großartigen Chronisten, und antwortete:

„*C'est une belle forme de savoir-vivre que de savoir d'où l'on vient*" (Es gibt eben eine hübsche Ausprägung der Lebenskunst, zu wissen, woher man kommt).

Als Marcel Achard bei seiner Erfolgskomödie *Patate* wieder einmal energisch Einfluß auf die Besetzung genommen hatte, fragte ihn der Hausdramaturg gereizt:

„Wonach bemessen Sie eigentlich den Rang eines Schauspielers, Monsieur Achard?"

„Das ist doch ganz einfach", antwortete der Autor. „Sie brauchen ihn nur im Café zu beobachten, welche Seite der Zeitung er aufschlägt. Liest er die *Bandes dessinés* (Streifen gezeichneten Humors), dann ist er ein Anfänger. Sucht er seinen Namen in den Gesellschaftsberichten, dann ist er *en vogue.* Der wahrhaft arrivierte Mime aber schlägt nur noch den Wirtschaftsteil auf mit den Börsenberichten."

Intimes Souper bei der Herzogin von Beaumanoir. Vierzehn Gedecke sind aufgelegt, da muß der Leutnant de Mirepoix plötzlich absagen. Verzweifelt ruft die abergläubische Herzogin seinen Regimentskommandanten an und bittet, man möge doch einen anderen Offizier schicken, damit nicht dreizehn bei Tisch sitzen.

„Und wenn ich Sie bitten dürfte, mon cher colonel. Natürlich keinen Juden, das verstehen Sie doch sicher?"

Am Abend präsentiert sich, in Galauniform, ein rabenschwarzer Leutnant aus dem Senegal.

„*Mon Dieu*!" macht die Herzogin, einer Ohnmacht nahe, „der Oberst muß sich geirrt haben!"

Der dunkelhäutige Offizier lächelt grausam:

„Das glaube ich nicht, Madame la Duchesse. Oberst Levy irrt sich niemals!"

Eines der teuersten, aber auch eines der unterhaltsamsten Bücher der letzten Jahre ist das Benimm-Buch für die Crème de la Crème, das die Gräfin von Paris – also die Gemahlin des Thronprätendenten – unter dem Titel *Haut de Gamme* bei Flammarion herausgegeben hat. Sie empfiehlt darin nicht nur Anreden, Vornamen, Verhalten bei besonderen Umständen und so weiter, sondern auch Visitenkarten und Einladungen im besonderen von einer Waisenhaus-Druckerei in Auteuil.

„Und warum, Comtesse, ausgerechnet die *Orphelins-Apprentis d'Auteuil?*" erkundigt sich ein Neuling in diesen Kreisen.

„Weil sie zweifellos schon die Heiratsanzeige der Eltern gedruckt haben, Monsieur, sofern man welche hat."

Ihren alten Adel (oder das, was die Guillotine von ihm übriggelassen hat) lieben die Franzosen mit einer aus Ironie und Amüsement gemischten Anhänglichkeit. Die Pariser aber erzählen sich aus diesen Kreisen die folgenden Anekdoten:

Eine gräfliche Familie bringt den Jüngsten zur Taufe.

„Und wie, Monsieur le Comte, soll der Knabe heißen?" erkundigt sich der Pfarrer.

„Jean-Adolphe Norbert Evariste Pommier de Charrier de la Mirandole."

„Uff!" macht der Pfarrer, beugt sich zu einem Meßdiener herunter und flüstert ihm zu: „Da wirst du mir noch eine Kanne Taufwasser bringen müssen!"

Eine alte Herzogin, das Gesicht in zahllose vornehme Runzeln gelegt, versucht vergeblich, den Boulevard Saint-Germain zu überqueren. Endlich kommt ein junger Bursch auf den Gedanken, ihr den Arm zu bieten, und bringt sie tatsächlich sicher ans andere Ufer.

„Junger Mann!" sagt Madame la Duchesse, „in Ihnen erblicke ich das wahre, das junge Frankreich. Sie beglükken mich mit Ihrer Höflichkeit."

„Nicht der Rede wert", antwortet er, „aber verdammt noch einmal, wenn ich nicht eingegriffen hätte – merde alors! –, die hätten Sie zerquetscht wie einen alten Camembert!"

Im Paris der fünfziger Jahre war La belle Magda der Star des Revuetheaters *Concert Mayol.* Die sehr schöne Frau, nach der Legende eine polnische Gräfin, hatte am Ende ihres stets stummen Auftritts nicht mehr auf dem Leib als das von der Zensur vorgeschriebene winzige Klebedreieck *à l'endroit propice.*

Eines Tages geschah hinter der Bühne des Mayol ein Mord; die Polizei ermittelte diskret, um die Vorstellung nicht zu stören, und La belle Magda sah sich, als sie nackt in ihre Garderobe kam, einem Inspektor vom Quai des Orfèvres gegenüber.

„Wenn Sie sich einen Augenblick umdrehen würden, Monsieur“, sagte sie mit ihrem schweren Akzent, „ich muß mir etwas *an*ziehen.“

Lucien Rimels, Direktor des *Mayol,* hatte sein Theater ganz gut durch die Besatzungszeit gebracht, weil man bei den Revuen ja nicht viel Politik zu machen brauchte. Heikler war für ihn der Ansturm der zurückkehrenden Emigranten, die nun alle beschäftigt werden wollten.

Als sich ihm eine nicht mehr junge Sängerin präsentierte, die als Ruhmestitel anführte, daß sie in Amerika sogar vor der Armee aufgetreten sei, fragte Rimels trokken:

„Nord- oder Südstaaten, Madame?“

Trotz seiner guten Lage auf den großen Boulevards hat das *Olympia* gute und schlechte Zeiten erlebt, und so manchem Künstler, der dort auftrat, ging es ebenso.

Als Charles Aznavour eines Tages, nach einem großen Triumph, in Schweiß gebadet und zitternd von der Bühne abging und in die Garderobe wollte, hielt ihn ein begeisterter Beleuchter auf:

„*Mon Dieu*“, rief er, „wenn ich an Ihre ersten Auftritte denke! Wie stolz müssen Sie heute sein! Erinnern Sie sich noch, wie mies Sie angezogen waren, früher? Und wie Sie gestunken haben? Mann, haben Sie gestunken, nach Knoblauch und alter Wäsche, und jetzt, jetzt kriegen Sie eine Million *Anciens* pro Abend, *ça alors,* man kann sagen, Sie haben Ihren Weg gemacht, Monsieur. Monsieur, wie heißen Sie eigentlich?

Als ein Star aus Übersee unversehens absagte, erinnerte sich der Direktor des *Olympia* an einen ganz guten jungen Sänger, der ihm ein paar Tage zuvor vorgesungen hatte. Er ließ sich die Telefonnummer geben und sagte dem jungen Mann:

„Ich werde Sie groß herausbringen, Sie müssen nur so tun, als kämen Sie aus Amerika, trauen Sie sich das zu?"

„Ich denke doch!"

„Gut, Sie fangen morgen an."

„Morgen?" stottert der junge Mann. „Morgen kann ich nicht, da muß ich vorsingen!"

Madeleine Renaud, Gefährtin und Partnerin von Jean-Louis Barrault, hat im Lauf ihrer langen Bühnenkarriere viermal das Rollenfach gewechselt, was zeitweise kleine Krisen hervorrief. Neben ihrem Mann war dann die große Schriftstellerin Colette eine große Hilfe für sie, Colette, die selbst auf der Bühne begonnen hatte und gelegentlich in ziemlich diskutablen Rollen.

„Wenn Sie spielen, Madeleine", sagte die Colette einmal, „dann weiß man nicht sogleich, was an Ihnen so verzaubert. Man sagt sich: Es ist wohl die Stimme. Oder ein Ausdruck des Gesichts. Vielleicht auch der schöne Arm oder die Rundung der Schulter. Oder sollte es die Seele sein?"

Wenn Jane Fonda nach Paris kam, wohnte sie in einem Luxusappartement in der Rue Le-Play Nr. 6, das ihrem früheren Gatten Roger Vadim gehörte. Sie empfing dann, gemäß ihrer Einstellung, nicht selten Politiker der extremen Linken, während bei Vadim und dessen aktueller Gemahlin Präsident Giscard d'Estaing zu Gaste war – die Gegensätze waren also unter einem Dach vereint.

Einmal kam Jane mit ihrem kleinen Sohn Troy, Giscard d'Estaing ließ sich von der sensationellen Hanoi-Reise der Schauspielerin berichten, und Troy saß dabei, an einer Hühnerkeule nagend, von der hin und wieder etwas auf den herrlichen Kenneth-Noland-Teppich tropfte.

„Diese jungen amerikanischen Politiker", sagte Giscard d'Estaing in Anspielung auf das Engagement der schönen Mutter, „sind doch schon frühzeitig erstaunlich ungezwungen."

Wenn der Pariser Filmproduzent Raoul Levy (u. v. a. *Marco Polo*) sich seiner guten Nase und seines sicheren Instinkts rühmte, erinnerten ihn seine Intimen gerne an sein letztes Kriegsabenteuer: Levy flog 1945 als Navigator für die *Royal Air Force*, verfranste sich einmal furchtbar und rief endlich, als der Sprit schon knapp wurde: „Kameraden, wir sind gerettet! Ich erkenne den Ärmelkanal und den Flughafen von Dover."

Es war der Bodensee, und Levys Maschine landete auf dem Wehrmachtsflughafen Stuttgart.

Charles Dullin, weder groß noch schön, gilt den Franzosen als einer der größten Schauspieler dieses Jahrhunderts. Seine geheimnisvollsten Wirkungen erzielte er jedoch als Lehrer und als Regisseur, so daß Jean-Louis Barrault ihn den Gärtner nannte.

„Wirklich begeisternde Augenblicke", schreibt Barrault, „waren die Proben mit ihm. Mit dem Ausdruck eines Marders rieb er sich die Nase mit den langen Fingern, bewegte sich von einem Bein auf das andere, und sagte in listigem Ton: Verstehst du, deine Person ... ist, na sagen wir ... du siehst ... vor allem gerade in diesem Augenblick ... da wird sie ... verstehst du? Ja genau, ja ... aber jetzt: *hundertprozentig*!

Und das Wunder war, daß man verstand, was er meinte! Er hat es uns nicht gesagt, er hat es uns *vermittelt*!"

Vadim, ein Kindernarr, hat vier Kinder von vier verschiedenen Frauen, und da die prominenten Mütter alle wahnsinnig beschäftigt sind, während er dank einer Beimischung russischen Blutes immer wieder einmal Ferien einlegt, fügt es sich, daß nicht selten alle vier Kinder die Ferien bei ihm verbringen und dann an die respektiven Mütter zurückexpediert werden müssen, die teils in Kalifornien (Jane Fonda), teils in Rom (Annette Stroyberg) und an anderen Orten leben. Einmal geschah es, daß am Abflugnachmittag im Air-France-Büro die große Panik ausbrach und Monsieur Vadim eilends zum Schalter gerufen wurde: Er hatte alle Namen und Linien verwechselt und hätte, wäre die Ground-Hostess nicht so aufmerksam gewesen, jeder Mutter ein falsches Kind ins Haus geschickt. Der Knoten löste sich im letzten Augenblick, die Kinder flogen in die richtigen Städte ab, und Vadim war – wie seine älteste Tochter diesen Zustand zu nennen pflegte – wieder *Waisenvater* (statt Vaterwaise).

Erinnert sich noch jemand an Gottfried Kellers entzückende Novelle vom Landvogt von Greifensee, dem der Gedanke kommt, alle Frauen seines Lebens zu einem Plauderstündchen zu vereinen? Dem viermal verheirateten franko-russischen Regisseur Roger Vadim (*Gefährliche Liebschaften*) hatte man einen Film mit all seinen Frauen vorgeschlagen, aber es kam nie dazu. Nur für zwanzig Minuten waren alle seine Frauen mit ihm beisammen, und zwar – in einem Rettungswagen, und das kam so:

Vadim drehte mit Jane Fonda eine Sequenz zu dem Film *Der Reigen* und zeigte einem Schauspieler, wie dieser sich aus einem Fenster fallen lassen sollte. Die Szene geriet zu realistisch – Vadim brach sich das Schulterblatt. Annette Stroyberg weilte zufällig in Paris, hatte Vadim im Atelier besucht und den Unfall mit angesehen, und Catherine Deneuve filmte im Nachbaratelier, so daß sie auf die Kunde von dem Unfall herbeieilen konnte. Nun fehlte nur noch Brigitte Bardot: Sie kam gerade ins Studio gefahren, als die Ambulanz mit Vadim und seinen drei Frauen aus dem Tor wollte; sie mußte Platz machen, erfuhr, wer transportiert wurde, und stieg natürlich in die Ambulanz zu den anderen Damen.

„Mon Dieu!“ rief Brigitte, „der ist ja ganz grün!“

„Völlig normal“, antwortete sarkastisch Catherine Deneuve, „ich habe ihn immer für einen Marsmenschen gehalten!“

Die Deutschen und Paris, das ist die Geschichte einer unglücklichen Liebe, selbst wenn sie sich wie Hausenstein betrugen und nicht wie Blücher, selbst wenn sie soviel für die Franzosen taten wie mancher frankophile Besatzungsoffizier. Die Annäherungsversuche der Deutschen an die Stadt Paris, die bulgarische Juden wie Pascin oder japanische Dickköpfe wie Foujita zärtlich an die Brust nahm, sind ein Anekdotenthema, in dem der Pariser sich so allerlei von der Seele redet, was sich seit 1870 aufgestaut hat:

Zwei Clochards beobachten schläfrig die Deutschen an den Quais und insbesondere zwei gut angezogene Herren.

„*Dis donc*“, sagt der eine zum andern, „warum brüllen die zwei so aufeinander ein?“

Der andere Clochard kratzt sich am Kopf:

„Ich glaube, die sprechen vom diskreten Charme unserer schönen Stadt.“

EIN PAAR JAHRESZAHLEN

1715 Tod Ludwigs XIV. Philipp von Orléans wird Regent.
1715–23 Die *Régence.* Wirtschaftliche Scheinblüte durch den Finanzmagier John Law, sehr freie Sitten bei Hofe, gute Außenpolitik.
1723 Tod des Premierministers Dubois und des Regenten.
1723–74 Ludwig XV., vor allem durch seine Mätressenwirtschaft bekannt (Madame Pompadour) und durch seine Niederlagen gegen Preußen. Dank seiner Toleranz gegenüber Denkern und Literaten Kulturblüte in Frankreich.
1759/60 Frankreich verliert Indien und, was schmerzlicher ist, auch Canada an die Briten.
1774 Beim Tod Ludwigs XV. ist das militärisch besiegte Frankreich Europas geistige Vormacht durch Montesquieu, Rousseau, Voltaire, die Enzyklopädisten u. v. a., nicht zuletzt dank der Protektion, welche die Pompadour und viele andere Damen des Adels den *hommes de lettres* angedeihen ließen.
1774–93 Ludwig XVI., in jeder Hinsicht schwächer als seine jüngeren Brüder, ist außerstande, die ihm empfohlenen Reformen gegen seine geistig überlegene Gemahlin, die Habsburgerin Marie Antoinette, durchzusetzen.
1789 Beginn der Französischen Revolution, Emigration des Adels, auch Adelsaufstände vor allem in der Vendée.
1792 Der Pöbel ermordet die Insassen französischer Gefängnisse (Septembermorde).
1793/94 *La Terreur* (die Schreckensherrschaft). Hinrichtung des Königs, der Königin, der girondistischen Abgeordneten und prominenter Revolutionäre wie Danton, Desmoulins, der Hébertisten, Robespierres und 61 seiner Anhänger, Massenmorde in der Provinz: Noyaden von Nantes (Carrier), Morde in Lyon (Fouché). Rückeroberung von Toulon, das die Engländer besetzt hielten, dank des Leutnants Bonaparte.
1799 Staatsstreich der Brüder Bonaparte. Beginn des Consulats.
1804–15 Napoleon I. Kaiser der Franzosen.
1815 Nach den „Hundert Tagen" endgültige Rückkehr der Bourbonen. Da auch die unbestreitbaren Fortschritte der Re-

volution ignoriert werden, Unzufriedenheit und Revolutionen 1830 und 1848.
1830–48 Louis-Philippe I., der Bürgerkönig, aus dem Zweig Orléans.
1852–70 Der schließlich als Napoleon III. zum Kaiser gekrönte Sohn des Königs von Holland (Bruder des ersten Napoleon) und der Hortense de Beauharnais aus der ersten Ehe der Joséphine. Heiratet die spanische Gräfin Eugénie de Montijo. Blüte der bürgerlichen Kultur in Paris (Dumas Vater und Sohn, Offenbach, Sardou, Zola, Flaubert).
1870–1940 Die Dritte Republik. Erster Präsident Adolphe Thiers.
1881-94 Französischer Kolonial-Imperialismus in Nordafrika und Hinterindien, Expedition nach Madagaskar.
1894 Verurteilung des Hauptmanns Dreyfus.
Etwa 1890 – 1914 die sogenannte *Belle Epoque*, Blüte von Literatur und Kunst ungeachtet der weltpolitischen Spannungen und der innenpolitischen Probleme Frankreichs. Die Linke führt literarisch Zola, die Rechte führen Maurice Barrès und Charles Maurras, dazwischen etablieren sich die großen Dichter des Symbolismus (Baudelaire, Mallarmé, Verlaine, Rimbaud und später Apollinaire, Jarry).
1913 Beginn der Ära Diaghilew und der Ballets Russes für Paris. Enger Zusammenhang mit der Künstlergruppe um das Lokal *Le Boeuf sur le Toit* (seit 1922). Komponisten wie Satie, Poulenc, Strawinsky, Milhaud u. a., Maler wie Picasso, Braque, Matisse, Utrillo, Choreographen wie Massine, Balanchine begründen ein neues Gesamtkunstwerk der zwanziger Jahre, in dem auch schon berühmte Komponisten wie Debussy, Ravel oder Prokofjew Akzente setzen.
1940–44 Besatzungszeit für Paris, Scheidung der Geister in Kollaborateure und Résistance.
1945–69 André Malraux im Lager de Gaulles (1958–69 Kultusminister).
Einige Todesjahre der Nachkriegszeit:
1945 Paul Valéry; **1951** André Gide; **1954** Henri Matisse; **1955** Fernand Léger, Paul Claudel; **1957** Valery Larbaud; **1958** Roger Martin du Gard; **1963** Georges Braque, Jean Cocteau, Francis Poulenc; **1970** François Mauriac, Jean Giono; **1973** Picasso; **1977** Jacques Prévert; **1979** Marcel Jouhandeau; **1980** Romain Gary, J.-P. Sartre; **1982** Georges Brassens; **1986** Simone de Beauvoir, **1987** Yves Allégret.